Ontdek gratis online spelletjes

Hier verkrijgbaar:

BestActivityBooks.com/FREEGAMES

5 TIPS OM TE BEGINNEN!

1) HOE OP TE LOSSEN

De Puzzels zijn in een Klassiek Formaat:

- Woorden worden verborgen zonder pauzes (geen spaties, streepjes, ...)
- Oriëntatie: Voorwaarts & Achterwaarts, Boven & Beneden of in Diagonaal (kan in beide richtingen)
- Woorden kunnen elkaar overlappen of kruisen

2) ACTIEF LEREN

Naast elk woord is een spatie voorzien om de vertaling te noteren. Om actief te leren vindt u een **WOORDENBOEK** aan het einde van deze editie om uw kennis te controleren en uit te breiden. U kunt elke vertaling opzoeken en opschrijven, de woorden in de puzzel vinden en ze vervolgens aan uw woordenschat toevoegen!

3) TAG JE WOORDEN

Hebt u al geprobeerd een labelsysteem te gebruiken? U zou bijvoorbeeld de woorden die moeilijk te vinden waren kunnen markeren met een kruis, de woorden die u leuk vond met een ster, nieuwe woorden met een driehoek, zeldzame woorden met een ruit enzovoort...

4) ORGANISEER UW LEREN

Wij bieden ook een handig **NOTITIEBOEKJE** aan het eind van deze uitgave. Of u nu op vakantie, op reis of thuis bent, u kunt uw nieuwe kennis gemakkelijk ordenen zonder dat u een tweede notitieboek nodig hebt!

5) AFGESLOTEN?

Ga naar de bonussectie: **FINAAL UITDAGING** om een gratis spel te vinden dat aan het einde van deze editie wordt aangeboden!

Wil je meer leuke en leerzame activiteiten? Het is Snel en Eenvoudig! Een hele collectie spelboeken slechts **één klik verwijderd!**

Vind uw volgende uitdaging bij:

BestActivityBooks.com/MijnVolgendeBoek

Klaar... Start!

Wist u dat er zo'n 7000 verschillende talen in de wereld zijn? Woorden zijn kostbaar.

We houden van talen en hebben hard gewerkt om de boeken van de hoogste kwaliteit voor u te maken. Onze ingrediënten?

Een selectie van onmisbare leerthema's, drie grote plakken plezier, dan voegen we er een lepel moeilijke woorden en een snuifje zeldzame woorden aan toe. We serveren ze met zorg en een maximum aan verrukking, zodat je de beste woordspelletjes kunt oplossen en veel plezier beleeft aan het leren!

Uw feedback is essentieel. U kunt een actieve bijdrage leveren aan het succes van dit boek door een recensie achter te laten. Vertel ons wat u het meest beviel in deze editie!

Hier is een korte link die u naar uw bestelpagina brengt:

BestBooksActivity.com/Recensies50

Bedankt voor uw hulp en veel plezier met het spel!

Linguas Classics

1 - Metingen

```
O  I  À  D  U  Ề  I  H  C  Y  U  V  V  T
T  H  Ậ  P  P  H  Â  N  Â  K  D  T  I  R
H  T  C  C  Q  A  K  V  N  M  Q  N  A  Ì
C  K  C  R  D  C  O  I  N  G  M  V  H  N
N  E  I  G  P  D  Y  P  Ặ  B  C  U  Q  H
I  K  N  L  G  D  I  M  N  U  Â  S  Ộ  Đ
C  H  Ấ  T  Ô  G  H  G  G  B  B  U  D  Ộ
H  Ố  T  Ú  I  M  R  O  U  N  C  E  V  O
I  I  É  H  L  M  É  A  A  V  V  T  L  N
Ề  L  M  P  C  U  E  T  M  T  C  Y  R  U
U  Ư  I  P  I  K  H  T  Y  A  M  B  L  A
C  Ợ  K  I  L  Ô  G  A  M  Q  Y  O  Í  P
A  N  C  H  I  Ề  U  R  Ộ  N  G  O  T  B
O  G  N  Ợ  Ư  L  M  Â  O  M  D  L  V  Q
```

CHIỀU RỘNG	KILÔGAM
BYTE	KILÔMÉT
CENTIMET	CHIỀU DÀI
THẬP PHÂN	LÍT
ĐỘ SÂU	KHỐI LƯỢNG
CÂN NẶNG	MÉT
TRÌNH ĐỘ	PHÚT
GRAM	OUNCE
CHIỀU CAO	TẤN
INCH	ÂM LƯỢNG

2 - Boten

```
C H R D V K S G U H C M Q A
Ộ G Đ K C M A Ô N I H M Q Q
T T Ộ N I B A Y N Ể I B P P
B H N P U H G U A G I U D V
U P G L Q N M C T K A B U Đ
Ồ U C H Y D P Q N V L Y T Ạ
M N Ơ D Â Y T H Ừ N G C H I
P H I H À N H Đ O À N P U D
H À N G H Ả I X U Ồ N G Y Ư
D O C K P R B B T C H N Ề Ơ
I R P H A O È D H Y A Ó N N
A V U M M E H Ả I L Ý S A G
V M Ồ U B N Ề Y U H T P O L
Q G A Y G Q U P L Y K M C Q
```

NEO	HỒ
PHI HÀNH ĐOÀN	ĐỘNG CƠ
PHAO	HẢI LÝ
DOCK	ĐẠI DƯƠNG
SÓNG	SÔNG
DU THUYỀN	DÂY THỪNG
KAYAK	PHÀ
XUỒNG	BÈ
HÀNG HẢI	BIỂN
CỘT BUỒM	THUYỀN BUỒM

3 - Chocolade

```
A  H  C  Í  H  T  U  Ê  Y  P  U  N  N  C
N  N  H  Q  N  M  H  A  P  B  D  C  G  Ô
U  M  Ấ  G  A  Q  A  À  M  I  L  V  I  N
H  U  T  L  Đ  P  T  Q  N  Đ  Ắ  N  G  G
A  U  L  U  Ư  T  H  Ơ  M  H  C  D  I  T
Y  I  Ư  O  Ờ  C  N  G  Ọ  T  P  U  D  H
I  P  Ợ  Q  N  K  A  K  Ẹ  O  T  H  L  Ứ
C  B  N  O  G  N  Q  L  Y  R  I  C  Ầ  C
H  Ộ  G  U  T  K  U  B  O  N  R  A  U  N
K  T  L  Y  P  N  C  A  C  A  O  R  B  Y
Đ  Ậ  U  P  H  Ộ  N  G  D  Y  C  A  M  Y
G  U  H  D  D  Ừ  A  V  Q  Y  Y  M  R  P
A  N  T  I  O  X  I  D  A  N  T  E  V  N
U  K  Ỳ  L  Ạ  R  U  H  N  C  P  L  G  Ị
```

ANTIOXIDANT
THƠM
ĐẮNG
CACAO
CALO
KỲ LẠ
YÊU THÍCH
NGON
THÀNH PHẦN
CARAMEL

DỪA
CHẤT LƯỢNG
ĐẬU PHỘNG
BỘT
CÔNG THỨC
VỊ
KẸO
ĐƯỜNG
NGỌT

4 - Gezondheid en Welzijn #2

```
X  P  H  Ụ  C  H  Ồ  I  H  M  Y  B  B  C
D  O  P  K  C  N  T  T  N  R  P  O  G  Ọ
C  I  A  Q  I  V  I  O  Ạ  Y  R  C  D  H
T  Â  N  B  V  I  T  A  M  I  N  M  Á  U
I  Ă  N  H  Ó  M  A  C  E  D  V  B  D  Ã
Ê  N  G  N  D  P  P  A  Ở  Ị  I  Ễ  I  H
U  K  N  N  Ặ  Ư  V  L  H  Ứ  T  N  T  P
H  I  Ợ  B  O  N  Õ  O  K  N  C  H  R  I
Ó  Ê  Ư  U  U  M  G  N  Q  G  Ơ  P  U  Ả
A  N  L  H  P  C  M  T  G  Q  T  L  Y  I
B  G  G  N  Ù  R  T  M  Ễ  I  H  N  Ề  G
B  Ệ  N  H  V  I  Ệ  N  A  R  Ể  V  N  K
U  D  Ă  C  C  Ă  N  G  T  H  Ẳ  N  G  B
P  O  N  N  M  V  Ệ  S  I  N  H  P  G  L
```

DỊ ỨNG	VỆ SINH
GIẢI PHẪU HỌC	NHIỄM TRÙNG
MÁU	CƠ THỂ
CALO	XOA BÓP
ĂN KIÊNG	TIÊU HÓA
NĂNG LƯỢNG	CĂNG THẲNG
DI TRUYỀN	VITAMIN
CÂN NẶNG	DINH DƯỠNG
KHỎE MẠNH	BỆNH VIỆN
PHỤC HỒI	BỆNH

5 - Tijd

```
Đ  Ồ  N  G  H  Ồ  T  B  Y  N  T  P  A  V
Y  T  Q  Y  Y  N  H  Â  Q  C  C  T  Y  N
T  I  C  M  B  V  Á  Y  À  G  N  K  G  B
R  K  Q  U  N  H  N  G  S  R  H  H  K  L
U  Q  D  H  I  G  G  I  A  Q  Q  L  O  H
H  Ô  M  N  A  Y  H  Ờ  U  K  Q  V  H  U
T  N  O  S  L  V  T  Ô  K  K  R  V  À  G
Y  U  L  Ớ  G  Q  R  H  M  B  T  V  N  I
N  C  G  M  N  V  C  C  Ậ  Q  V  N  G  Ờ
L  Ă  G  T  Ơ  B  L  Ị  A  P  U  N  N  T
B  P  M  K  Ư  R  Q  L  O  P  K  A  Ă  U
P  H  Ú  T  T  T  H  Ế  K  Ỷ  M  Ỷ  M  Ầ
I  U  B  U  Ổ  I  S  Á  N  G  H  C  Q  N
B  U  Ổ  I  T  R  Ư  A  O  G  R  Đ  Ê  M
```

NGÀY
THẬP KỶ
THẾ KỶ
HÔM QUA
NĂM
HÀNG NĂM
LỊCH
ĐỒNG HỒ
THÁNG
BUỔI TRƯA

PHÚT
SAU
ĐÊM
BÂY GIỜ
BUỔI SÁNG
TƯƠNG LAI
GIỜ
HÔM NAY
SỚM
TUẦN

6 - Meditatie

M	Y	B	A	R	T	Ư	T	H	Ế	K	N	A	V
L	L	A	V	T	Õ	M	I	A	Q	P	O	T	K
Y	A	G	D	Q	P	R	D	V	N	H	P	Á	Y
L	Ò	N	G	T	Ố	T	À	Y	M	R	P	S	B
H	T	Â	M	T	H	Ầ	N	N	P	L	Ặ	N	G
I	Ạ	H	G	N	Ơ	Ư	H	T	G	D	C	A	C
C	P	N	Ơ	T	Ế	I	B	G	N	Ò	L	U	Ả
H	R	Ì	H	G	G	I	M	L	Ặ	N	G	Q	M
Ú	I	B	B	P	Ở	R	I	V	K	V	G	H	X
Ý	B	A	Ã	H	G	N	Y	U	S	K	B	Ú
Q	P	Ò	V	R	T	Ú	G	I	V	A	P	L	C
N	Ậ	H	N	P	Ấ	H	C	Ạ	H	N	M	Â	A
P	H	O	N	G	T	R	À	O	Q	U	O	O	T
Q	U	A	N	Đ	I	Ể	M	A	V	U	U	Q	M

CHÚ Ý
CHẤP NHẬN
THỞ
PHONG TRÀO
LÒNG BIẾT ƠN
CẢM XÚC
SUY NGHĨ
HẠNH PHÚC
RÕ RÀNG
TƯ THẾ

LẶNG
THƯƠNG HẠI
TÂM THẦN
ÂM NHẠC
QUAN SÁT
QUAN ĐIỂM
IM LẶNG
HÒA BÌNH
LÒNG TỐT

7 - Muziek

```
B  T  O  Q  H  G  N  N  H  O  C  Y  I  D
Â  M  N  H  Ạ  C  H  H  Á  C  V  B  L  Ụ
C  Ổ  Đ  I  Ể  N  Ị  Ạ  T  R  M  G  I  N
T  Q  L  N  O  A  P  C  H  O  U  T  D  G
I  D  U  U  L  T  N  S  K  A  M  O  V  C
Ế  G  Ơ  Q  L  Q  H  Ĩ  I  T  U  Q  V  Ụ
N  Y  H  O  R  R  À  Ứ  N  G  B  I  Ế  N
Đ  D  T  I  P  B  N  K  D  A  L  L  A  B
Ộ  R  C  G  Â  E  G  G  D  V  A  M  O  Y
K  O  C  K  R  M  R  P  L  C  K  G  A  N
C  B  U  Ễ  I  Đ  I  A  I  G  A  C  D  H
Đ  I  Ệ  P  K  H  Ú  C  Q  G  H  S  T  Ị
T  R  Ữ  T  Ì  N  H  N  T  B  T  R  Ĩ  P
O  C  T  C  R  P  B  H  Ò  A  H  Ợ  P  N
```

ALBUM	NHẠC SĨ
BALLAD	OPERA
HÒA HỢP	GHI ÂM
ỨNG BIẾN	THƠ
DỤNG CỤ	NHỊP
CỔ ĐIỂN	NHỊP NHÀNG
ĐIỆP KHÚC	TIẾN ĐỘ
TRỮ TÌNH	CA SĨ
GIAI ĐIỆU	HÁT
ÂM NHẠC	

8 - Vogels

```
H  U  V  F  K  D  Y  K  T  Ẹ  V  N  O  C
D  I  Ễ  C  L  G  N  Õ  G  N  M  Ể  C  H
L  P  B  G  O  A  À  U  B  D  L  I  H  I
A  G  A  H  T  R  M  Q  T  O  U  B  I  M
C  B  L  M  R  N  G  I  K  Y  B  G  M  C
Q  H  Q  Q  Ứ  Ạ  U  Q  N  O  C  N  B  Á
B  T  I  B  N  C  Ú  P  I  G  H  Ò  Ồ  N
P  Y  I  M  G  B  C  C  V  N  O  M  C  H
M  U  R  I  S  H  Ô  H  Ị  Ô  O  O  Â  C
B  V  U  I  R  Ẻ  N  I  T  N  G  G  U  Ụ
T  O  U  C  A  N  G  M  C  Ồ  A  H  I  T
L  N  M  R  V  D  D  C  Ò  B  Y  B  K  Q
V  M  T  N  L  A  M  U  Ể  I  Đ  À  Đ  O
Q  D  N  R  T  H  I  Ê  N  N  G  A  A  H
```

CHIM BỒ CÂU	CÒ
VỊT	CON VẸT
TRỨNG	CÔNG
FLAMINGO	BỒ NÔNG
NGỖNG	CHIM CÁNH CỤT
GÀ	DIỆC
CHIM CU	ĐÀ ĐIỂU
CON QUẠ	TOUCAN
MÒNG BIỂN	CÚ
CHIM SẺ	THIÊN NGA

9 - Wiskunde

```
U  T  G  Q  U  Ả  N  G  T  R  Ư  Ờ  N  G
Q  A  B  V  V  U  Ô  N  G  G  Ó  C  M  G
G  B  R  C  H  U  V  I  A  O  Y  H  H  M
Â  M  L  Ư  Ợ  N  G  M  A  K  H  K  D  Đ
C  Ọ  H  H  N  Ì  H  Đ  A  G  I  Á  C  Ư
N  Á  L  M  T  C  C  C  D  L  R  T  B  Ờ
Đ  Ố  I  X  Ứ  N  G  P  U  K  D  H  Á  N
B  C  U  G  N  O  S  G  N  O  S  Ậ  N  G
Ố  N  U  A  M  C  K  R  C  U  D  P  K  K
S  Ố  H  Ọ  C  A  Ầ  G  Ó  C  V  P  Í  Í
N  T  Ổ  N  G  D  T  U  C  G  M  H  N  N
Â  I  H  K  L  I  D  N  M  K  Ũ  Â  H  H
H  O  Q  T  Ậ  H  N  Ữ  H  C  H  N  Ì  H
P  H  Ư  Ơ  N  G  T  R  Ì  N  H  Y  Q  B
```

CẦU	SONG SONG
THẬP PHÂN	HÌNH CHỮ NHẬT
ĐƯỜNG KÍNH	SỐ HỌC
TAM GIÁC	TỔNG
MŨ	BÁN KÍNH
PHÂN SỐ	ĐỐI XỨNG
HÌNH HỌC	ĐA GIÁC
GÓC	PHƯƠNG TRÌNH
VUÔNG GÓC	QUẢNG TRƯỜNG
CHU VI	ÂM LƯỢNG

10 - Gezondheid en Welzijn #1

```
V  C  R  L  I  O  A  C  U  Ề  I  H  C  Q
R  I  D  T  Q  C  D  B  Ơ  K  Ó  Y  M  P
K  Q  K  U  O  C  K  K  A  B  Đ  V  R  H
C  Ố  U  H  T  M  Ẽ  I  T  R  Ắ  A  V  Ả
Đ  Y  U  B  U  Ệ  I  L  Ị  R  T  P  B  N
G  I  T  P  H  Ẩ  U  I  O  U  G  K  D  X
B  T  Ề  Q  B  G  N  Ộ  Đ  T  Ạ  O  H  Ạ
Á  H  Q  U  C  H  Ấ  N  T  H  Ư  Ơ  N  G
C  Ó  M  Ố  T  H  C  Í  H  T  H  C  Í  K
S  I  G  B  B  R  I  D  Ế  T  H  U  Ố  C
Ĩ  Q  M  O  U  C  Ị  T  H  Ư  G  I  Ã  N
K  U  A  G  H  T  A  A  T  Ú  R  I  V  V
C  E  U  I  G  Ã  Y  X  Ư  Ơ  N  G  M  H
M  N  Q  K  I  K  O  H  T  D  P  P  I  O
```

HOẠT ĐỘNG	TƯ THẾ
TIỆM THUỐC	DA
VI KHUẨN	CHẤN THƯƠNG
ĐIỀU TRỊ	THUỐC
GÃY XƯƠNG	THƯ GIÃN
BÁC SĨ	PHẢN XẠ
THÓI QUEN	CƠ BẮP
ĐÓI	TRỊ LIỆU
CHIỀU CAO	VI RÚT
KÍCH THÍCH TỐ	

11 - Camping

```
T  D  T  R  D  S  Ă  N  B  Ắ  N  L  C  X
T  H  Â  O  A  R  R  I  R  I  A  A  Â  U
Đ  Y  I  Y  Â  C  V  B  A  C  Y  B  U  Ồ
Ộ  Q  Ú  Ê  T  Q  K  A  T  L  A  À  C  N
N  Y  N  M  N  H  L  C  K  Q  T  N  H  G
G  B  M  Ũ  A  N  Ừ  A  A  I  V  M  U  N
V  H  Ả  G  A  P  H  N  B  V  R  G  Y  Ù
Ậ  B  N  N  M  H  P  I  G  Y  Ừ  C  Ệ  R
T  I  H  Ă  Đ  K  N  L  Ê  R  N  A  N  T
T  M  K  R  R  Ồ  K  V  P  N  G  C  V  N
L  V  L  T  R  H  Đ  È  N  L  Ồ  N  G  Ô
Ề  M  C  T  V  Õ  N  G  D  K  H  G  M  C
U  G  R  Ặ  K  K  Y  L  Ử  A  I  B  N  K
T  M  V  M  T  H  D  G  B  M  I  G  H  R
```

NÚI
CÂY
RỪNG
LỬA
CABIN
ĐỘNG VẬT
VÕNG
MŨ
CÔN TRÙNG
SĂN BẮN

BẢN ĐỒ
XUỒNG
LA BÀN
ĐÈN LỒNG
MẶT TRĂNG
HỒ
THIÊN NHIÊN
LỀU
DÂY THỪNG
CÂU CHUYỆN

12 - Algebra

```
V  H  Ồ  M  Q  A  I  V  C  Ặ  O  G  N  Đ
V  Ấ  N  Đ  Ề  T  U  N  Y  I  N  I  Y  Ơ
Q  T  Ế  D  Ơ  Ố  P  H  Y  O  V  Ả  K  N
K  L  I  Q  Ố  S  N  Â  H  P  G  I  T  G
C  U  B  C  Ô  N  G  T  H  Ứ  C  P  Q  I
S  T  Ổ  N  G  N  Ô  H  K  Ố  S  H  S  Ả
P  Ố  K  B  Y  L  V  N  B  C  M  Á  A  N
I  H  L  M  Ũ  I  Ô  Í  N  A  T  P  I  H
A  A  É  Ư  H  A  H  T  I  U  A  N  B  Ó
L  P  R  P  Ợ  N  Ạ  N  T  U  L  H  V  A
M  C  H  G  T  N  N  Ế  M  A  T  R  Ậ  N
I  B  C  C  G  R  G  Y  A  I  I  U  B  G
K  L  B  L  N  A  Ừ  U  U  K  M  G  P  A
K  I  V  D  L  I  P  T  P  K  O  V  M  M
```

PHÉP TRỪ	MA TRẬN
SƠ ĐỒ	SỐ KHÔNG
MŨ	VÔ HẠN
TỐ	GIẢI PHÁP
CÔNG THỨC	VẤN ĐỀ
PHÂN SỐ	TỔNG
NGOẶC	SAI
SỐ LƯỢNG	BIẾN
TUYẾN TÍNH	ĐƠN GIẢN HÓA

13 - Activiteiten

```
R  I  M  Y  R  M  L  C  K  P  Đ  T  G  C
R  C  O  A  D  N  Q  Â  A  G  Ồ  H  I  Ắ
Đ  H  N  M  T  A  P  U  Q  N  T  Ư  Ả  M
I  Q  A  Q  O  H  G  Đ  Q  Ò  H  G  I  T
T  Y  P  G  T  Q  U  Ố  Y  L  Ủ  I  T  R
T  R  Ò  C  H  Ơ  I  Ậ  M  I  C  Ã  R  Ạ
C  M  B  N  K  T  V  N  T  À  Ô  N  Í  I
K  Â  N  H  I  Ế  P  Ả  N  H  N  K  U  L
Đ  Ỹ  U  L  À  M  V  Ư  Ờ  N  G  G  N  N
A  Đ  N  C  I  N  G  H  Ệ  T  H  U  Ậ  T
N  Ọ  K  Ă  Á  O  P  Y  R  C  I  L  I  C
I  C  K  D  N  Ắ  B  N  Ă  S  K  R  P  L
G  H  I  I  M  G  N  Ộ  Đ  T  Ạ  O  H  H
B  Ứ  C  T  R  A  N  H  C  D  M  C  I  G
```

HOẠT ĐỘNG
ĐỒ THỦ CÔNG
ĐAN
NHIẾP ẢNH
TRÒ CHƠI
CÂU CÁ
SĂN BẮN
CẮM TRẠI
NGHỆ THUẬT
ĐỌC

MA THUẬT
MAY
THƯ GIÃN
HÀI LÒNG
CÂU ĐỐ
BỨC TRANH
LÀM VƯỜN
KỸ NĂNG
GIẢI TRÍ

14 - Vormen

```
U  L  H  E  Đ  H  Ì  N  H  T  R  Ụ  H  C
G  I  Y  L  Ư  N  Y  Q  Ó  M  V  R  Ì  Ằ
G  Y  P  L  Ờ  O  C  I  R  N  Ò  V  N  U
R  P  E  I  N  B  C  A  Y  A  N  P  H  U
R  O  R  P  G  N  Ò  V  C  H  G  H  C  U
Y  K  B  S  C  Á  I  G  M  A  T  G  H  I
Q  A  O  E  O  V  D  N  O  C  R  Ó  Ữ  H
M  L  L  D  N  M  R  Ă  G  Ạ  Ò  C  N  B
Q  A  A  L  G  H  O  L  O  N  N  A  H  Y
Đ  A  G  I  Á  C  L  V  A  H  À  M  Ậ  P
K  I  M  T  Ự  T  H  Á  P  A  A  H  T  B
Q  U  Ả  N  G  T  R  Ư  Ờ  N  G  M  R  L
Q  U  P  K  V  Q  V  A  B  Ê  N  B  Q  T
C  U  N  G  N  I  K  A  R  C  L  Q  Q  K
```

CẦU	HÀNG
CUNG	ELLIPSE
HÌNH TRỤ	KIM TỰ THÁP
VÒNG TRÒN	LĂNG
ĐƯỜNG CONG	CẠNH
TAM GIÁC	HÌNH CHỮ NHẬT
GÓC	VÒNG
HYPERBOLA	ĐA GIÁC
BÊN	QUẢNG TRƯỜNG
NÓN	

15 - Diplomatie

```
T  H  Ả  O  L  U  Ậ  N  O  H  Đ  T  S  C
A  N  N  I  N  H  P  V  M  N  Ạ  O  Ự  T
G  Ủ  H  I  Ễ  P  Ư  Ớ  C  H  O  À  C  V
N  G  H  Ị  Q  U  Y  Ế  T  Â  Đ  N  Ô  Đ
I  N  V  P  G  P  T  O  O  N  Ứ  V  N  Ạ
D  Ồ  T  Y  H  I  Q  P  G  Đ  C  Ẹ  G  I
R  Đ  O  A  V  N  Ả  X  O  Ạ  Y  N  B  S
Q  G  P  K  B  L  Í  I  U  O  R  Q  Ằ  Ứ
C  N  Đ  Ạ  I  S  Ứ  H  P  N  B  C  N  Q
Ố  Ộ  P  L  A  N  A  C  C  H  G  K  G  U
V  C  Á  T  P  Ợ  H  C  D  Q  Á  Đ  Y  Á
Ấ  N  G  Ô  N  N  G  Ữ  U  N  O  P  Ộ  N
N  Q  L  I  V  P  C  Ô  N  G  D  Â  N  T
B  Y  I  G  N  G  O  Ạ  I  G  I  A  O  U
```

CỐ VẤN
ĐẠI SỨ QUÁN
ĐẠI SỨ
CÔNG DÂN
XUNG ĐỘT
NGOẠI GIAO
THẢO LUẬN
ĐẠO ĐỨC
CỘNG ĐỒNG
SỰ CÔNG BẰNG

NHÂN ĐẠO
TOÀN VẸN
GIẢI PHÁP
CHÍNH PHỦ
NGHỊ QUYẾT
HỢP TÁC
NGÔN NGỮ
AN NINH
HIỆP ƯỚC

16 - Astronomie

```
H  M  H  D  R  S  T  H  I  Ê  N  H  À  C
K  K  G  H  Q  P  A  Ử  L  N  Ê  T  H  H
T  R  Á  I  Đ  Ấ  T  O  V  A  R  Y  R  Ò
Z  O  D  I  A  C  C  V  C  L  B  K  V  M
B  Ầ  U  T  R  Ờ  I  U  Ũ  H  O  M  T  S
M  Ặ  T  T  R  Ă  N  G  T  T  Ổ  K  I  A
O  U  M  C  N  H  G  V  A  M  R  I  N  O
P  H  I  H  À  N  H  G  I  A  A  Ụ  H  L
C  Q  O  G  N  I  N  N  Â  H  P  P  V  K
B  N  N  Q  G  T  I  Ă  Y  B  K  Y  Â  Q
V  Ứ  I  A  Q  H  T  B  I  C  Q  I  N  L
B  L  C  B  A  N  Ễ  O  S  A  O  Q  Q  O
T  B  Q  X  L  À  V  A  V  C  I  L  V  T
Y  U  P  V  Ạ  H  V  S  A  G  G  H  R  K
```

TRÁI ĐẤT	TINH VÂN
PHI HÀNH GIA	HÀNH TINH
ZODIAC	TÊN LỬA
PHÂN	VỆ TINH
BẦU TRỜI	SAO
SAO CHỔI	CHÒM SAO
VŨ TRỤ	THIÊN HÀ
MẶT TRĂNG	BỨC XẠ
SAO BĂNG	

17 - Emoties

```
K  D  C  Y  N  I  N  G  R  B  N  N  S  L
N  U  G  Ê  U  Ộ  Ã  N  O  L  K  I  Ự  A
I  V  U  N  A  D  I  À  Ổ  I  B  Ề  P  K
G  H  Q  B  Ặ  G  G  D  H  S  T  M  H  T
R  U  H  Ì  Q  L  Ư  U  U  S  Ố  V  Ẫ  P
B  D  V  N  Q  V  H  Ị  Ấ  N  T  U  N  P
N  H  P  H  N  T  T  D  X  B  G  I  N  Y
N  Ỗ  I  B  U  Ồ  N  R  D  C  N  L  Ộ  O
H  Ò  A  B  Ì  N  H  T  R  Y  Ò  P  P  C
C  H  Á  N  N  Ả  N  Y  Ê  U  L  B  I  A
O  C  H  V  T  R  I  Â  N  N  Ỗ  I  S  Ợ
H  À  I  L  Ò  N  G  N  Ô  H  T  M  Ả  C
B  Ị  K  Í  C  H  T  H  Í  C  H  L  G  L
A  C  P  P  A  D  M  D  Y  K  M  K  O  V
```

NỖI SỢ	YÊN BÌNH
XẤU HỔ	CẢM THÔNG
TRI ÂN	DỊU DÀNG
NỖI BUỒN	HÀI LÒNG
BLISS	CHÁN NẢN
NỘI DUNG	HÒA BÌNH
LẶNG	NIỀM VUI
YÊU	LÒNG TỐT
THƯ GIÃN	SỰ PHẪN NỘ
BỊ KÍCH THÍCH	

18 - Vakantie #2

```
G  N  K  Q  A  B  X  P  G  D  T  N  H  T
O  L  B  H  A  Ử  L  E  X  O  Ả  Đ  Í  O
G  Q  O  R  Á  D  K  G  T  V  N  M  R  B
N  Ể  Y  U  H  C  N  Ậ  V  Ắ  H  P  T  N
B  Ả  N  Đ  Ồ  R  H  O  C  U  C  D  I  G
C  V  Y  A  B  N  Â  S  R  I  K  X  Ả  À
Ự  K  O  C  Ố  U  Q  I  Ạ  O  G  N  I  Y
H  À  N  H  T  R  Ì  N  H  N  L  T  G  L
T  U  Ế  I  H  C  Ộ  H  N  Ú  I  Ề  P  Ễ
Ị  L  Đ  R  B  V  N  A  A  R  R  A  U  B
H  L  M  M  A  V  G  D  Y  M  I  Q  H  I
T  A  Ể  B  Ã  I  B  I  Ể  N  L  A  L  Ễ
C  K  I  Ạ  R  T  M  Ắ  C  B  N  N  V  N
N  P  Đ  G  D  M  D  L  I  U  Y  I  H  C
```

NÚI	HÀNH TRÌNH
ĐIỂM ĐẾN	BÃI BIỂN
NGOẠI QUỐC	XE TẮC XI
ĐẢO	LỀU
ẢNH	XE LỬA
KHÁCH SẠN	NGÀY LỄ
BẢN ĐỒ	VẬN CHUYỂN
CẮM TRẠI	THỊ THỰC
SÂN BAY	GIẢI TRÍ
HỘ CHIẾU	BIỂN

19 - Weersomstandigheden

```
S  B  G  N  Ồ  V  U  Ầ  C  Ự  C  P  A  N
Ư  Ã  V  L  Ư  B  D  U  N  Á  H  N  Ạ  H
Ơ  O  L  K  V  Ớ  M  R  U  C  C  C  Q  I
N  T  Y  Á  O  X  C  Ố  L  H  B  Ơ  D  Ễ
G  Á  N  L  U  L  L  Đ  G  R  U  N  H  T
M  P  P  Y  Y  Â  M  M  Á  Đ  A  B  R  Đ
Ù  K  H  Ô  N  G  K  H  Í  Ẩ  Ù  Ã  Q  Ớ
O  L  L  N  H  I  Ệ  T  Đ  Ộ  M  O  I  I
S  É  T  Ũ  Q  D  G  K  S  P  Ó  Ư  Y  Ờ
H  P  O  C  L  Q  R  H  Ấ  Ó  I  G  Ớ  R
P  V  M  B  Y  Ụ  P  Í  M  H  G  L  T  T
M  T  Q  R  C  G  T  H  S  U  A  U  G  U
M  M  Y  A  M  G  D  Ậ  É  P  P  T  A  Ầ
K  R  L  P  K  Y  L  U  T  N  Q  U  Q  B
```

KHÔNG KHÍ
SÉT
SẤM SÉT
HẠN HÁN
BẦU TRỜI
NƯỚC ĐÁ
KHÍ HẬU
SƯƠNG MÙ
GIÓ MÙA
CƠN BÃO

LŨ LỤT
CỰC
CẦU VỒNG
BÃO TÁP
NHIỆT ĐỘ
LỐC XOÁY
NHIỆT ĐỚI
ẨM ƯỚT
GIÓ
ĐÁM MÂY

20 - Politiek

```
U  K  M  Y  D  R  H  P  C  Y  P  Y  T  C
H  C  Ị  D  N  Ế  I  H  C  M  I  K  C  C
Đ  Ạ  O  Đ  Ứ  C  M  Ổ  A  H  D  R  H  G
U  T  H  U  Ế  R  A  B  V  N  C  L  T  C
V  N  R  A  L  N  Ê  I  V  Ử  C  G  N  Ứ
S  V  B  Y  V  A  K  Ế  Q  C  M  Y  O  M
Q  Ự  L  M  U  B  G  N  Ẩ  Đ  H  N  Ì  B
H  U  L  G  T  Y  D  O  C  B  G  H  G  B
Ộ  D  Ố  Ự  V  Ủ  Ý  K  I  Ế  N  C  H  H
I  T  D  C  A  H  Í  N  H  S  Á  C  H
Đ  G  Ự  O  G  C  C  H  Í  N  H  P  H  Ủ
Ồ  I  L  D  B  I  H  T  T  T  P  H  Q  G
N  K  B  G  O  K  A  Ọ  Q  T  P  N  A  T
G  O  T  I  C  Ợ  Ử  L  N  Ế  I  H  C  V
```

THUẾ	Ý KIẾN
CHÍNH SÁCH	QUỐC GIA
CHIẾN DỊCH	PHỔ BIẾN
ỦY BAN	HỘI ĐỒNG
ĐẠO ĐỨC	CHÍNH PHỦ
BÌNH ĐẲNG	CHIẾN LƯỢC
ỨNG CỬ VIÊN	TỰ DO
SỰ LỰA CHỌN	

21 - Strand

```
T H U B V U I B P G Q U K U
A H Y M R I Ờ R T T Ặ M Ỳ T
Q N U Ô C G I V H R D H N V
D A I Y O Á P O A Ả Q V G N
P X G V Ề V T K H L A C H Q
T U Y B I N Ể I B Ạ Y Q Ỉ P
Đ À D É P Ă B T H I D O C K
Ạ M C N V H C U H Q A Ả L H
I A H V L K H T Ồ U N Đ U B
D Q L Ỏ H O D U I M Y G L Ờ
Ư C H L T P C U O H O Ề K B
Ơ A Q P Y I Y V B Q N C N I
N A Q M D D P Y Đ Ầ M O I Ể
G P Y Q Q Q N U C U A T K N
```

MÀU XANH
THUYỀN
DOCK
ĐẢO
KHĂN
CUA
BỜ BIỂN
ĐẦM
ĐẠI DƯƠNG

TRẢ LẠI
DÉP
VỎ
KỲ NGHỈ
CÁT
BIỂN
THUYỀN BUỒM
MẶT TRỜI

22 - Eten #2

```
C O R B V C Y T I V R N M C
H N A X I Ả C G N Ô B H B G
U G B N L I K O O O P O I I
Ố N L V C O U V P B H R V Ă
I I I C Y O Á Đ À O B A G M
Ì D R N T C C T N D P D B B
M Í T À C G A U R H U C R Ô
A Ă V M A Y U Q O Ứ U G V N
Ú C N Â H N H N Ạ H N À M G
L V C G D M C K G I M G C P
D T O Q T U À Q U Ả K I W I
Ứ C O A D Â C S Ữ A C H U A
A O H D A V Y Y N P M D P P
B Á N H M Ì G P H Ô M A I G
```

HẠNH NHÂN   GIĂM BÔNG
DỨA   PHÔ MAI
TÁO   GÀ
MĂNG TÂY   QUẢ KIWI
CÀ TÍM   ĐÀO
CHUỐI   GẠO
BÔNG CẢI XANH   LÚA MÌ
BÁNH MÌ   CÀ CHUA
NHO   CÁ
TRỨNG   SỮA CHUA

23 - Geologie

```
T  M  P  Y  T  S  X  V  K  C  T  P  C  A
Y  H  B  Ả  Á  A  Ó  V  I  M  N  N  A  O
C  A  Ạ  H  Đ  N  I  Ố  U  M  Ả  D  O  C
Đ  L  N  C  Ũ  H  M  L  U  N  S  U  N  A
Á  D  Ể  G  H  Ô  Ò  L  Ớ  H  G  N  G  L
O  T  H  N  N  A  N  O  C  P  N  G  U  C
V  K  T  Ó  N  C  N  O  I  O  Á  N  Y  I
L  Ù  H  N  R  C  V  H  V  U  O  H  Ê  U
Ụ  I  N  H  Ó  A  T  H  Ạ  C  H  A  N  M
C  B  I  G  N  Ú  I  L  Ử  A  K  M  P  H
Đ  R  T  H  A  N  G  Đ  Ộ  N  G  A  U  V
Ị  D  M  N  K  Y  K  U  L  T  O  X  K  V
A  Đ  Ộ  N  G  Đ  Ấ  T  I  N  H  I  V  C
D  R  U  Q  G  D  D  B  G  T  D  T  A  C
```

ĐỘNG ĐẤT	LỚP
CALCIUM	DUNG NHAM
LỤC ĐỊA	KHOÁNG SẢN
XÓI MÒN	CAO NGUYÊN
HÓA THẠCH	NHŨ ĐÁ
NÓNG CHẢY	ĐÁ
HANG ĐỘNG	NÚI LỬA
SAN HÔ	VÙNG
TINH THỂ	MUỐI
THẠCH ANH	AXIT

24 - Specerijen

```
C N I G O O Ớ T N O D A U N
B O Y Ừ C A P T I L H C T H
O C V N P R L Y C I I L V Ụ
T M H G G C U P Y Ự C U L C
N H U B G A P Q P Y A I I Đ
G Y Ì Ố U O N K N O T G R Ậ
Ọ I G L I H R A U M Ù I À U
T N D U À À L Ì H T Y Â C K
N G Ị V G N Ơ Ư H Q U Ế Ỏ H
M H M P N H C Â Y H Ồ I C Ấ
O Ẽ O B Ắ T H Ả O Q U Ả Q U
C T H K Đ Đ I N H H Ư Ơ N G
M Â K L V A N I R P K B P U
D Y K K Y T Ỏ I R À C V R U
```

CÂY HỒI	ĐINH HƯƠNG
ĐẮNG	NHỤC ĐẬU KHẤU
CỎ CÀ RI	ỚT CỰA GÀ
GỪNG	NGHỆ TÂY
QUẾ	HƯƠNG VỊ
THẢO QUẢ	HÀNH
CÀ RI	VANI
TỎI	THÌ LÀ
CÂY THÌ LÀ	NGỌT
RAU MÙI	MUỐI

25 - Groenten

```
A  T  N  N  M  Ấ  N  I  Ả  C  Ủ  C  M  R
I  R  A  O  Ù  A  A  Ở  Y  Ủ  Y  R  Y  A
R  H  B  O  I  U  T  T  U  H  B  A  C  U
P  C  R  Y  T  H  Q  I  O  Ẹ  D  Y  C  B
K  G  M  Â  Â  C  Q  T  S  O  Y  R  D  I
G  I  T  T  Y  À  Y  Y  Ô  Ô  Â  Đ  C  N
G  D  K  N  G  C  M  M  O  L  T  Ậ  À  A
V  Y  K  Ằ  V  M  G  Ừ  N  G  I  U  T  K
D  Ư  A  C  H  U  Ộ  T  G  Y  A  U  Í  A
Q  U  Ả  B  Í  N  G  Ô  M  M  O  L  M  Y
S  A  L  A  D  H  D  C  L  U  H  R  D  C
V  Y  P  O  U  P  À  M  L  U  K  P  D  D
C  À  R  Ố  T  I  A  N  B  V  B  D  L  V
P  K  Q  P  O  K  H  N  H  Y  O  Y  A  U
```

KHOAI TÂY	QUẢ BÍ NGÔ
ATISÔ	CỦ CẢI
CÀ TÍM	SALAD
ĐẬU	CẦN TÂY
GỪNG	CỦ HẸ
TỎI	RAU BINA
DƯA CHUỘT	CÀ CHUA
Ô LIU	HÀNH
NẤM	CÀ RỐT
MÙI TÂY	

26 - Archeologie

```
Đ  P  N  Ê  Y  U  G  N  Ỷ  K  N  N  G  I
Ồ  H  Ề  N  U  U  T  Ê  I  A  Y  M  T  V
G  Â  N  M  G  K  B  U  L  G  V  L  M  L
Ố  N  V  L  N  Ô  T  Q  Q  K  Y  Y  K  H
M  T  Ă  M  Ơ  A  I  G  N  Ê  Y  U  H  C
Q  Í  N  Q  Ư  M  Õ  Đ  C  Q  G  L  H  Đ
L  C  M  Y  X  M  R  Y  Ề  O  Ư  P  Ó  Ố
M  H  I  Ộ  Đ  T  G  M  P  N  S  N  A  I
M  M  N  B  Í  Ẩ  N  Y  H  D  O  A  T  T
C  Ả  H  O  K  U  Ô  O  K  O  Á  V  H  Ư
Ổ  G  N  Y  A  U  H  C  Í  T  I  D  Ạ  Ợ
M  Ă  N  H  R  N  K  G  O  U  G  K  C  N
Q  Ộ  Đ  Á  N  H  G  I  Á  V  B  C  H  G
R  V  A  A  P  N  H  B  N  O  C  N  N  C
```

ĐỒ GỐM	BÍ ẨN
PHÂN TÍCH	ĐỐI TƯỢNG
NỀN VĂN MINH	KHÔNG RÕ
XƯƠNG	CỔ
CHUYÊN GIA	GIÁO SƯ
ĐÁNH GIÁ	DI TÍCH
HÓA THẠCH	ĐỘI
MẢNH	NGÔI ĐỀN
MỘ	KỶ NGUYÊN
NĂM	QUÊN

27 - Dans

```
T  R  Ự  C  Q  U  A  N  H  P  M  Y  I  O
C  Ế  M  I  Q  I  T  B  M  L  N  P  Q  V
Ú  H  A  N  R  R  V  B  C  P  P  M  P  A
X  T  O  T  R  U  Y  Ề  N  T  H  Ố  N  G
M  Ư  À  R  V  Ă  N  H  Ó  A  N  A  Q  K
Ả  T  R  R  E  I  H  H  Â  N  H  I  A  Y
C  I  T  T  P  O  R  C  Ọ  R  Ả  T  N  P
N  V  G  R  U  D  G  H  Y  C  Y  C  H  Y
Ể  V  N  G  L  L  V  R  V  N  V  Q  Ị  V
I  Á  O  H  N  Ă  V  N  A  U  V  I  P  T
Đ  G  H  Đ  Ố  I  T  Á  C  P  I  Y  Ễ  N
Ổ  T  P  Â  M  N  H  Ạ  C  R  H  V  T  N
C  Ơ  T  H  Ể  L  R  O  U  H  M  Y  Ẻ  C
N  Q  C  Q  M  N  G  H  Ệ  T  H  U  Ậ  T
```

HỌC VIỆN	CỔ ĐIỂN
PHONG TRÀO	NGHỆ THUẬT
VUI VẺ	CƠ THỂ
CHOREOGRAPHY	ÂM NHẠC
VĂN HÓA	ĐỐI TÁC
VĂN HOÁ	NHỊP
CẢM XÚC	NHẢY
ÂN	TRUYỀN THỐNG
TƯ THẾ	TRỰC QUAN

28 - Mythologie

```
T H I Ê N Đ Ư Ờ N G N L N C
V C Ó C H Ế T N K C T C P H
Y Ă G T R Ả T H Ù I R N A I
L G N M T T Ậ V I Á U Q P Ế
O N U H N Ạ M C Ứ S Y K Q N
Ạ Ù C K O D O C D G Ề Y N B
T H Ê G O Á N O L K N Q G I
G H M Q M L G P M M T S U N
N N Ả S Ự B Ấ T T Ử H I Y H
Á A T M H À N H V I U N Ê G
S Ữ I Ấ H B H N H Y Y H N H
S N Y S Q Ọ V C K U Ế V M E
V É Y L P Y A Q G C T Ậ Ẫ N
G O T A N H H Ù N G A T U C
```

NGUYÊN MẪU	GHEN
SÉT	SỨC MẠNH
SÁNG TẠO	CHIẾN BINH
VĂN HOÁ	TRUYỀN THUYẾT
SẤM	QUÁI VẬT
MÊ CUNG	SỰ BẤT TỬ
HÀNH VI	THẢM HỌA
ANH HÙNG	CÓ CHẾT
NỮ ANH HÙNG	SINH VẬT
THIÊN ĐƯỜNG	TRẢ THÙ

29 - Eten #1

```
R  D  U  I  A  B  V  A  Q  T  Ị  H  T  U
T  A  Ữ  S  Y  B  B  U  L  N  H  À  N  A
U  L  U  D  L  Q  P  É  C  Ớ  Ư  N  B  C
K  A  L  B  D  C  M  B  I  H  N  H  D  H
N  S  U  Q  I  T  Ỏ  I  G  I  H  N  K  U
G  L  T  A  G  N  Ờ  Ư  Đ  A  H  A  I  O
Y  L  B  M  L  U  Â  Ơ  B  K  N  H  G  Q
O  L  N  U  Q  R  I  M  B  K  D  C  N  L
H  I  G  Ố  C  U  V  Ả  O  Ừ  B  P  Ụ  N
R  I  V  I  À  R  Ế  U  Q  G  N  Ú  H  A
Y  C  Y  V  R  U  M  Q  K  N  O  S  P  I
I  H  D  G  Ố  M  M  L  M  Á  N  D  U  Q
V  H  Y  Â  T  U  Â  D  Ê  C  T  H  Ậ  Q
L  Ú  A  M  Ạ  C  H  P  C  V  H  K  Đ  T
```

DÂU TÂY	SALAD
QUẢ MƠ	NƯỚC ÉP
HÚNG QUẾ	SÚP
CHANH	RAU BINA
LÚA MẠCH	ĐƯỜNG
QUẾ	CÁ NGỪ
TỎI	HÀNH
SỮA	THỊT
LÊ	CÀ RỐT
ĐẬU PHỤNG	MUỐI

30 - Circus

```
R  R  C  R  G  K  V  R  U  T  Y  P  M  T
A  M  I  H  R  A  M  R  P  K  P  G  A  O
Ừ  R  G  L  C  G  N  Ứ  H  G  N  U  T  M
L  Ề  U  D  K  O  K  H  Ỉ  Y  P  Ỉ  H  C
T  U  C  H  Q  Ẹ  N  É  K  K  T  P  U  A
O  I  K  P  K  H  O  V  C  T  R  B  Ậ  C
Â  M  N  H  Ạ  C  K  T  O  Q  A  B  T  R
Đ  Ẹ  P  M  Ắ  T  L  R  Y  I  N  K  Ậ  O
H  M  A  G  Y  O  A  N  C  O  G  B  V  B
V  B  Ó  N  G  B  A  Y  O  O  P  I  G  A
S  H  Y  C  K  Ả  I  G  N  Á  H  K  N  T
M  Ư  R  Q  Q  B  H  T  H  O  Ụ  Y  Ộ  A
V  Q  T  T  K  T  R  K  Ổ  Y  C  N  Đ  B
V  T  M  Ử  B  L  I  M  B  O  C  I  G  L
```

KHỈ	MA THUẬT
ACROBAT	ÂM NHẠC
BÓNG BAY	CON VOI
ĐỘNG VẬT	KẸO
TUNG HỨNG	ĐẸP MẮT
VÉ	LỀU
TRANG PHỤC	CON HỔ
CHỈ	KHÁN GIẢ
SƯ TỬ	LỪA

31 - Restaurant #2

```
B  G  R  R  Y  U  B  C  T  Q  V  B  C  Q
K  Ữ  N  A  O  Q  Ữ  B  R  B  T  Ă  P  Á
B  B  A  U  T  Y  A  Á  Á  C  A  N  K  A
C  U  N  T  U  D  T  N  I  L  T  G  V  H
H  L  N  T  Ố  C  R  H  C  O  L  K  N  P
N  G  O  N  P  I  Ư  R  Â  D  P  C  A  I
C  Á  I  N  Ĩ  A  A  D  Y  O  M  Ì  M  R
U  V  B  V  L  H  O  I  A  S  M  R  V  H
Y  Ế  O  Ị  Q  B  I  L  K  Ú  R  T  Y  L
P  H  Ụ  C  V  Ụ  N  A  M  P  I  K  B  P
B  G  M  Ớ  P  A  Ì  H  T  I  Á  C  O  G
L  I  H  Ư  I  U  I  L  O  S  A  L  A  D
T  R  Ứ  N  G  U  O  G  N  Ố  U  Ồ  Đ  R
U  I  A  D  M  U  Ố  I  Q  G  A  B  M  I
```

BÁNH	MÌ
BỮA TỐI	PHỤC VỤ NAM
ĐỒ UỐNG	SALAD
TRỨNG	SÚP
TRÁI CÂY	GIA VỊ
RAU	GHẾ
NGON	CÁ
BĂNG	CÁI NĨA
CÁI THÌA	NƯỚC
BỮA TRƯA	MUỐI

32 - De Media

```
G  N  Q  T  Đ  P  O  R  Q  D  Q  O  L  T
I  B  U  H  À  Ễ  H  R  L  V  T  T  I  R
Á  N  Ả  Á  I  N  I  B  Á  O  I  Ê  Ự
O  C  N  I  K  H  Đ  Ạ  Ê  I  M  D  N  C
D  Á  G  Đ  I  G  Ị  M  G  N  Ạ  M  L  T
Ụ  N  C  Ộ  N  N  A  G  Ý  C  B  P  Ạ  U
C  H  Á  T  H  G  P  N  N  K  L  Ả  C  Y
A  Â  O  Ạ  P  N  H  Ơ  T  U  I  U  N  Ế
A  N  P  P  H  Ô  Ư  Ư  Ậ  U  T  Ế  N  N
L  M  B  C  Í  C  Ơ  H  H  I  K  P  N  I
N  M  O  H  D  D  N  T  T  R  Í  T  U  Ệ
A  G  M  Í  O  V  G  U  Ự  M  A  G  M  N
C  Ô  N  G  C  Ộ  N  G  S  O  H  I  V  R
K  Ỹ  T  H  U  Ậ  T  S  Ố  N  N  G  N  G
```

QUẢNG CÁO

THƯƠNG MẠI

LIÊN LẠC

KỸ THUẬT SỐ

PHIÊN BẢN

SỰ THẬT

KINH PHÍ

THÁI ĐỘ

CÁ NHÂN

CÔNG NGHIỆP

TRÍ TUỆ

BÁO

ĐỊA PHƯƠNG

Ý KIẾN

MẠNG

GIÁO DỤC

TRỰC TUYẾN

CÔNG CỘNG

ĐÀI

TẠP CHÍ

33 - Bijen

H	T	R	Y	Â	C	V	N	Ấ	H	P	Ụ	H	T
M	Ẽ	N	Â	O	T	Ư	Ữ	P	K	M	L	B	H
N	Q	S	C	Y	Q	Ờ	H	H	M	T	N	D	H
I	E	V	I	H	A	N	O	Ấ	Ặ	I	T	A	Q
I	L	T	Á	N	O	U	À	N	T	M	Y	R	Q
Q	G	K	R	Ă	H	N	N	H	T	R	T	C	K
C	A	H	T	C	M	T	G	O	R	U	C	G	A
U	K	Ó	D	Ứ	N	Ậ	H	A	Ờ	G	O	H	G
B	T	I	H	H	U	M	T	Á	I	B	R	H	Q
G	N	Ù	R	T	N	Ô	C	O	I	Ợ	L	Ó	C
H	B	C	Á	N	H	C	H	G	N	Ạ	D	A	Đ
H	Ọ	P	L	Ạ	I	N	S	B	B	G	U	Q	P
C	D	L	P	A	V	N	Á	Y	T	M	R	O	P
R	D	C	T	T	A	A	P	U	O	G	A	U	V

THỤ PHẤN
HIVE
HOA
ĐA DẠNG
HỆ SINH THÁI
TRÁI CÂY
MẬT ONG
CÔN TRÙNG
NỮ HOÀNG
CÂY

KHÓI
PHẤN HOA
VƯỜN
CÁNH
THỨC ĂN
CÓ LỢI
SÁP
MẶT TRỜI
HỌP LẠI

34 - Wandelen

```
I  Ạ  R  T  M  Ắ  C  G  L  C  N  Y  Đ  T
S  D  O  G  K  B  H  I  U  K  Ư  D  Ộ  H
L  Ự  M  U  Ỗ  I  U  À  H  Q  Ớ  G  N  I
G  Á  Đ  M  Q  Q  Ẩ  Y  K  V  C  V  G  Ê
B  U  K  Ị  I  Ú  N  Ố  Y  R  H  N  V  N
U  N  T  N  N  L  B  N  R  U  O  K  Ậ  N
O  H  H  Y  T  H  Ị  G  Y  U  A  G  T  H
T  Ế  I  T  I  Ờ  H  T  L  L  N  K  P  I
V  Á  C  H  Đ  Á  L  Ư  I  R  G  N  M  Ê
K  H  Í  H  Ậ  U  G  T  Ớ  V  D  Ặ  H  N
M  Ặ  T  T  R  Ờ  I  V  R  N  Ã  N  C  N
P  C  Ẽ  B  Ả  N  Đ  Ồ  N  M  G  G  R  U
H  V  M  Ể  I  H  Y  U  G  N  I  Ố  M  I
B  T  M  Q  H  M  C  Ô  N  G  V  I  Ê  N
```

NÚI
ĐỘNG VẬT
MỐI NGUY HIỂM
BẢN ĐỒ
CẮM TRẠI
VÁCH ĐÁ
KHÍ HẬU
GIÀY ỐNG
MỆT
MUỖI

THIÊN NHIÊN
SỰ ĐỊNH HƯỚNG
CÔNG VIÊN
ĐÁ
CHUẨN BỊ
NƯỚC
THỜI TIẾT
HOANG DÃ
MẶT TRỜI
NẮNG

35 - Filantropie

C	N	N	G	Ư	Ờ	I	T	P	L	T	T	R
M	H	K	H	Y	G	C	H	R	B	T	O	H	D
Y	L	Ư	A	Â	N	R	Q	Ẻ	C	I	À	A	K
C	U	K	Ơ	O	N	O	M	E	Ạ	T	N	N	U
Ự	A	P	K	N	U	L	A	M	L	Ừ	C	H	C
H	P	C	Ử	R	G	L	O	M	N	T	Ầ	N	B
T	Y	N	S	R	C	T	A	Ạ	Ê	H	U	I	C
G	Q	M	H	N	P	L	R	M	I	I	N	Ê	Ộ
N	M	Ụ	C	T	I	Ê	U	Ì	L	Ễ	H	N	N
U	H	T	Ị	D	Y	I	T	V	N	N	I	R	G
R	U	Ó	L	T	H	Ế	H	Ệ	C	H	Ẽ	Q	Đ
T	Y	T	M	M	A	I	P	A	P	L	M	C	Ồ
C	Ô	N	G	C	Ộ	N	G	N	A	L	V	H	N
G	T	G	Q	U	Ỹ	B	T	B	T	L	Ụ	T	G

LIÊN LẠC
MỤC TIÊU
TRUNG THỰC
QUỸ
CỘNG ĐỒNG
LỊCH SỬ
TOÀN CẦU
NHÓM
THANH NIÊN

TRẺ EM
TỪ THIỆN
NGƯỜI
NHÂN LOẠI
NHIỆM VỤ
CHƯƠNG TRÌNH
CÔNG CỘNG
THẾ HỆ

36 - Landen #1

```
L T L B Ỉ T M B A H C U C T
C H I I T O O C R T U V H K
R L B Y N A R C B A V C I C
Đ M Y B Q G O V Y I Z U L D
H Ứ A T P P C K M V A I E C
V A C Y A Ậ C L N T R Y L A
M A Q U T C O A A A I M P N
R O M A N I A T I L Q C A A
U H N N L A G E N E S K T D
D M U A N I C A R A G U A A
I V P L M I R A Q O V H I H
I S R A E L I P A N A M A Y
M Q Y B T Â Y B A N N H A Q
O C A M P U C H I A D T T Ý
```

BỈ
BRAZIL
CAMPUCHIA
CANADA
CHILE
ĐỨC
AI CẬP
IRAQ
ISRAEL
LATVIA

LIBYA
MOROCCO
NICARAGUA
NA UY
PANAMA
BA LAN
ROMANIA
SENEGAL
TÂY BAN NHA

37 - Installaties

```
Q  K  Q  Ỏ  G  E  R  T  Ậ  V  C  Ự  H  T
T  U  G  C  Â  Y  V  I  T  C  Ố  R  H  H
V  Ê  Ả  P  H  Â  N  B  Ó  N  G  T  U  Ự
L  R  O  M  Q  N  V  B  V  K  G  L  Á  C
B  Ớ  K  I  Ọ  R  H  A  O  H  N  O  H  V
K  Ụ  N  P  G  N  Ồ  R  G  N  Ơ  Ư  X  Ậ
K  I  I  L  Q  T  G  O  N  Ờ  T  O  P  T
Y  G  Q  C  Ê  G  P  L  Ừ  Ư  P  L  M  H
V  V  D  K  Â  N  Y  F  R  V  D  G  D  Ọ
N  T  Q  H  V  Y  H  Ạ  T  Đ  Ậ  U  G  C
N  G  U  Ồ  N  G  Ố  C  Y  N  T  A  K  U
N  N  R  Q  Y  M  B  I  V  G  M  L  A  H
R  U  C  K  U  T  C  B  D  Q  T  H  G  B
M  D  T  O  M  T  N  I  N  D  V  V  O  D
```

TRE	LỚN LÊN
QUẢ MỌNG	IVY
HOA	PHÂN BÓN
CÂY	RÊU
HẠT ĐẬU	THỰC VẬT HỌC
RỪNG	GỐC
XƯƠNG RỒNG	BỤI CÂY
FLORA	VƯỜN
LÁ	THỰC VẬT
CỎ	NGUỒN GỐC

38 - Oceaan

```
S  Q  K  C  U  U  T  H  U  Y  Ề  N  K  K
L  A  Ứ  S  Á  À  D  R  Ề  P  K  C  D  K
Ư  U  N  R  C  H  K  Ù  I  Ạ  L  Ả  R  T
Ơ  C  A  H  B  U  E  A  R  M  D  V  H  G
N  G  O  C  Ô  N  T  O  T  U  N  V  T  B
K  U  C  Ộ  Á  G  V  Ả  Y  Ố  G  N  Ô  K
Q  G  I  U  O  V  I  T  Ử  I  D  V  M  T
N  V  D  T  H  G  O  G  H  C  Á  M  Ậ  P
I  T  N  H  U  C  V  I  T  D  Y  C  R  Á
M  P  O  C  R  Á  B  Ọ  T  B  I  Ể  N  T
Q  H  K  Ạ  P  N  N  C  C  D  C  C  K  O
V  K  L  B  Y  G  H  U  R  U  K  G  O  Ã
T  O  O  V  R  Ừ  V  L  P  O  G  M  M  B
L  T  L  B  U  D  Y  K  T  P  L  Q  O  T
```

LƯƠN	BẠCH TUỘC
TẢO	HÀU
THUYỀN	TRẢ LẠI
CÁ HEO	RÙA
TÔM	BỌT BIỂN
THỦY TRIỀU	BÃO TÁP
CÁ MẬP	CÁ NGỪ
SAN HÔ	CÁ
CUA	CÁ VOI
SỨA	MUỐI

39 - Landen #2

```
M R G H D C C Q M N Đ Q D S
B I G L B L N D L I A G N O
A I S E N O D N I G N U O M
I G Y R Ả C N L B E M K N A
P L À O B I A L E R Ạ R A L
O Q K C T X L R R I C A B I
I P C N Ậ E E U I A H I E A
H B H H H M R Q A M C N L Y
T L N Á N K I T G U T A G N
E Y H E P R K H K G H I O E
U U Y D P Ạ L Y H A A R Q K
B U H G H A Y B T N R Y O L
K Y M O T O L U O D L S I L
M A L A Y S I A C A K I D M
```

ĐAN MẠCH
ETHIOPIA
PHÁP
HY LẠP
IRELAND
INDONESIA
NHẬT BẢN
KENYA
LÀO
LEBANON

LIBERIA
MALAYSIA
MEXICO
NEPAL
NIGERIA
UGANDA
UKRAINA
NGA
SOMALIA
SYRIA

40 - Bloemen

```
I  A  K  H  C  B  O  H  P  R  D  K  B  N
N  Y  P  P  O  P  Ó  N  N  T  A  J  Ồ  V
O  G  O  B  P  A  N  H  T  N  I  A  C  P
Q  Q  R  D  M  L  O  K  O  V  S  S  Ô  H
C  Ỏ  B  A  L  Á  U  Ả  V  A  Y  M  N  O
D  Â  M  B  Ụ  T  T  M  I  I  G  I  G  N
A  I  N  G  R  N  C  H  E  H  T  N  A  G
I  G  C  Á  N  H  H  O  A  R  Ư  E  N  L
L  N  Ê  Y  U  H  K  I  Ờ  L  I  Ơ  H  A
O  Ồ  H  O  A  M  Ẫ  U  Đ  Ơ  N  A  N  N
N  H  H  O  A  L  O  A  K  È  N  U  T  G
G  A  R  D  E  N  I  A  R  A  V  G  U  O
A  O  T  Ử  Đ  I  N  H  H  Ư  Ơ  N  G  D
M  H  H  Ư  Ớ  N  G  D  Ư  Ơ  N  G  R  N
```

CÁNH HOA
BÓ HOA
GARDENIA
DÂM BỤT
JASMINE
CỎ BA LÁ
HOA OẢI HƯƠNG
HOA LOA KÈN
TỬ ĐINH HƯƠNG
DAISY

MAGNOLIA
PHONG LAN
BỒ CÔNG ANH
POPPY
HOA MẪU ĐƠN
PLUMERIA
HOA HỒNG
LỜI KHUYÊN
HƯỚNG DƯƠNG

41 - Huisdieren

```
C Ỏ D B P B Á C H U Ộ T M B
Q H Q Y U L T Ớ H R T C È Á
P T Ó Đ U Ô I Ư V B P C O C
O Á Ổ C D Q P N V M O A C S
C H Ó P O È M N O C Y A O Ĩ
P N N Ằ L N Ẳ H T N O C N T
G Y Ă C O N V Ẹ T B K K I H
B B C Q Y O R Y G Q D Q Y Ú
P I Ứ R R E T S M A H B H Y
V P H O K Ù L N O Q B A Q A
I R T D R T A Q T M A Y K B
B T T O Y H Q R D U Y T L I
Y Ò O U P Q R U Y I K M N K
B I G M N L M M R K T D Ê N
```

BÁC SĨ THÚ Y
DÊ
CON THẰN LẰN
HAMSTER
CHÓ
CON MÈO
MÈO CON
BÒ
THỎ

CỔ ÁO
CHUỘT
CON VẸT
CHÓ CON
RÙA
ĐUÔI
CÁ
THỨC ĂN
NƯỚC

42 - Landschappen

```
Ồ  O  C  B  O  B  Q  B  N  S  A  L  T  M
H  C  G  Á  A  Ã  K  L  Ú  Ô  O  Ã  H  T
N  I  L  N  Đ  I  I  A  I  N  D  N  U  N
Ị  Ú  H  Đ  Ầ  B  Q  M  L  G  O  H  N  M
V  Q  I  Ả  M  I  A  M  Ử  B  Đ  N  G  P
Ố  A  B  O  O  Ể  O  I  A  Ă  Ạ  G  L  Đ
B  C  P  Ả  L  N  R  R  P  N  I  U  Ũ  Ồ
G  Ạ  Đ  Đ  B  I  Ể  N  L  G  D  Y  N  I
P  M  A  Ả  A  U  I  K  U  N  Ư  Ê  G  K
P  A  M  H  O  G  S  U  O  A  Ơ  N  Y  H
L  S  D  Q  H  R  I  Ô  O  H  N  I  U  V
R  V  Đ  Ầ  M  L  Ầ  Y  N  H  G  O  R  Y
T  H  Á  C  N  Ư  Ớ  C  Y  G  M  O  U  G
D  K  M  D  M  Q  M  H  P  P  V  Y  L  D
```

NÚI
ĐẢO
SÔNG BĂNG
VỊNH
HANG
ĐỒI
ĐẦM
HỒ
ĐẦM LẦY
ỐC ĐẢO

ĐẠI DƯƠNG
SÔNG
BÁN ĐẢO
BÃI BIỂN
LÃNH NGUYÊN
THUNG LŨNG
NÚI LỬA
THÁC NƯỚC
SA MẠC
BIỂN

43 - Tuin

S	B	D	C	T	I	B	D	C	G	O	O	À	C
N	Â	Đ	Y	H	Y	Ụ	Y	T	N	A	À	C	M
U	L	N	R	G	H	I	Ò	V	Ẻ	O	R	C	Y
P	C	Ê	T	Ẻ	Ỏ	C	L	C	X	H	G	A	R
L	Y	I	Ấ	H	G	Â	U	R	C	C	N	R	T
A	Q	H	Đ	T	Ư	Y	A	R	B	N	À	U	L
M	U	Q	N	O	M	Ợ	O	I	I	R	H	R	A
I	W	E	E	D	S	A	N	A	I	Y	U	A	L
K	K	V	P	P	N	B	L	G	U	P	M	T	T
M	N	Q	O	M	G	U	V	T	O	Q	Y	Y	Ấ
V	B	Q	N	R	K	N	M	P	T	C	A	Y	M
T	C	P	V	R	Y	U	H	G	I	C	Â	A	B
V	Õ	N	G	Đ	B	Ă	N	G	G	H	Ế	Y	Ạ
V	Ư	Ờ	N	Á	B	O	L	Q	G	K	I	U	T

BĂNG GHẾ	WEEDS
HOA	ĐÁ
ĐẤT	XẺNG
CÂY	VÒI
THẺ	BỤI CÂY
GA-RA	SÂN THƯỢNG
CỎ	TẤM BẠT
VÕNG	VƯỜN
CÀO	HIÊN
HÀNG RÀO	AO

44 - Dagen en Maanden

```
T  T  H  Ứ  H  A  I  Y  V  R  N  Q  T  O
Ộ  H  U  K  P  C  M  À  P  P  Ă  L  H  Y
M  I  Á  T  H  Á  N  G  1  2  M  I  L  L
G  Ờ  S  N  Ầ  U  T  N  T  H  Á  N  G  M
N  Ư  G  9  G  N  Á  H  T  L  U  G  I  D
Á  M  N  V  D  T  C  A  B  Ứ  H  T  A  M
H  G  Á  M  I  Q  Ư  T  Ứ  H  T  H  T  A
T  N  H  T  H  Ứ  B  Ả  Y  M  Ậ  Á  D  G
U  Á  T  A  T  Q  V  K  D  U  H  N  K  D
T  H  Ứ  S  Á  U  Y  D  H  T  N  G  K  C
L  T  G  V  N  V  R  R  A  L  Ủ  B  U  Q
T  H  Á  N  G  H  A  I  P  P  H  Ả  D  P
B  N  N  T  A  N  L  Q  B  L  C  Y  G  O
T  H  Ứ  N  Ă  M  L  Ị  C  H  Q  R  O  M
```

THÁNG TƯ	LỊCH
NGÀY	THÁNG
THÁNG 12	THỨ HAI
THỨ BA	THÁNG MƯỜI
THỨ NĂM	THÁNG 9
THÁNG HAI	THỨ SÁU
NĂM	TUẦN
THÁNG MỘT	THỨ TƯ
THÁNG BẢY	THỨ BẢY
THÁNG SÁU	CHỦ NHẬT

45 - Beeldende Kunsten

```
I  P  Y  N  K  D  V  Đ  R  Ả  I  S  C  P
V  L  M  G  L  T  B  Ồ  B  N  D  Á  Á  H
C  N  G  O  I  C  O  G  Ứ  H  M  N  I  I
Ắ  M  P  N  P  M  N  Ố  C  C  G  G  B  M
H  Ể  T  I  O  K  L  M  T  H  N  T  Ú  Ả
K  I  Ế  N  T  R  Ú  C  R  Ụ  U  Ạ  T  N
U  Đ  S  Ấ  Ầ  V  Ẽ  G  A  P  D  O  B  H
Ê  N  Á  H  K  H  T  V  N  V  N  B  I  C
I  A  P  P  B  I  P  U  H  R  Â  H  U  Y
Đ  U  A  N  D  Ú  Ễ  H  N  G  H  Ệ  S  Ĩ
N  Q  P  A  G  B  T  T  N  T  C  A  V  M
C  Đ  Ấ  T  S  É  T  C  T  À  Y  G  N  M
G  I  Ấ  Y  N  Ế  N  T  H  Á  H  U  A  U
I  R  V  N  U  K  L  N  D  Ì  C  T  L  M
```

ĐỒ GỐM
KIẾN TRÚC
NGHỆ SĨ
ĐIÊU KHẮC
SÁNG TẠO
VẼ
PHIM ẢNH
ẢNH CHỤP
ĐẤT SÉT
PHẤN

KIỆT TÁC
CÁI BÚT
QUAN ĐIỂM
CHÂN DUNG
BÚT CHÌ
THÀNH PHẦN
BỨC TRANH
GIẤY NẾN
SÁP

46 - Mode

```
Q  T  N  H  Q  A  C  P  Q  R  N  T  G  P
X  G  I  M  M  I  Á  M  I  Ả  O  H  T  H
U  Ã  M  D  C  Ạ  B  U  Ả  O  K  A  Ắ  Ả
H  G  P  G  P  Đ  T  H  V  M  Ế  N  Đ  I
Ư  R  P  N  U  N  K  C  Ố  G  T  H  T  C
Ớ  N  B  E  Ả  Ễ  V  Á  U  Y  C  L  Ố  H
N  K  D  R  D  I  M  C  V  Ấ  Ị  I  Ă
G  Y  I  D  K  H  G  G  Q  G  U  C  G  N
K  H  I  Ê  M  T  Ố  N  Q  N  H  H  I  G
C  Ử  A  H  À  N  G  O  Ơ  U  T  I  Ả  U
N  P  M  D  C  Y  N  H  P  Đ  Ầ  I  N  P
H  Ú  R  P  Q  U  V  P  Y  R  A  N  H  U
R  Ế  T  C  Ự  H  T  Q  D  C  I  I  Á  M
N  G  H  Ề  T  H  Ê  U  T  T  N  A  I  O
```

KHIÊM TỐN	TỐI GIẢN
PHẢI CHĂNG	HIỆN ĐẠI
NGHỀ THÊU	GỐC
THOẢI MÁI	MẪU
ĐẮT	THỰC TẾ
ĐƠN GIẢN	PHONG CÁCH
THANH LỊCH	VẢI
REN	KẾT CẤU
QUẦN ÁO	XU HƯỚNG
NÚT	CỬA HÀNG

47 - Tuinieren

```
I  N  K  K  T  Ẻ  A  T  I  O  C  C  N  O
I  M  B  Ì  N  H  K  N  Ư  Ớ  C  L  T  Y
P  H  Â  N  Ẩ  T  H  P  V  U  A  D  P  P
R  H  O  C  B  D  Í  K  M  Ò  M  R  K  Ạ
P  I  N  G  I  H  H  M  G  U  I  À  O  L
T  C  I  K  Ụ  T  Ậ  B  V  M  A  M  I  Ỳ
K  Y  V  B  B  C  U  V  Ó  T  O  B  A  K
B  U  Ă  Q  T  Ậ  V  C  Ự  H  T  Y  A  U
V  P  K  N  Ấ  Đ  Ộ  Ẩ  M  P  O  Y  U  M
G  L  V  I  Đ  P  Y  K  Q  L  Y  A  N  P
P  I  Y  N  T  Ư  U  T  Y  Á  V  R  P  U
C  K  L  U  H  I  Ợ  M  I  M  U  Y  V  M
O  B  T  G  N  G  P  C  A  Ù  R  O  O  R
H  Ạ  T  G  I  Ố  N  G  L  A  O  H  R  B
```

HOA	LÁ
ĐẤT	KHÍ HẬU
BÓ HOA	MÙA
THẺ	VÒI
THỰC VẬT	LOÀI
PHÂN	ĐỘ ẨM
BÌNH	BỤI BẨN
ĂN ĐƯỢC	NƯỚC
KỲ LẠ	HẠT GIỐNG

48 - Menselijk Lichaam

```
Q  O  M  B  B  Á  C  T  Ắ  M  I  T  G  C
N  Q  N  V  T  R  Ó  Ổ  C  Ằ  M  H  L  R
Đ  Ầ  U  G  Ố  I  Õ  Ư  L  G  À  A  R  T
L  N  Ằ  N  L  Ũ  D  M  T  Y  H  I  G  V
Y  U  Đ  Ụ  D  M  Q  H  D  A  Q  O  H  Y
M  M  B  B  G  N  K  G  N  Ễ  I  M  U  M
B  P  M  H  I  V  D  A  A  I  V  R  A  A
O  V  H  V  A  T  R  G  L  M  N  P  H  D
Q  M  Á  U  Y  I  G  A  V  B  M  C  Y  T
K  H  U  Ỷ  U  T  A  Y  N  N  N  Y  U  K
D  A  V  L  T  U  C  T  T  G  U  B  C  R
Y  I  N  A  Q  A  U  A  V  Q  P  P  H  Q
M  U  N  T  I  D  C  Y  O  K  V  Q  Â  G
N  G  Ó  N  T  A  Y  M  T  P  U  D  N  K
```

CHÂN	CẰM
MÁU	ĐẦU GỐI
KHUỶU TAY	BỤNG
MẮT CÁ	MIỆNG
TAY	CỔ
TIM	MŨI
ÓC	TAI
ĐẦU	VAI
DA	LƯỠI
HÀM	NGÓN TAY

49 - Energie

```
D I E S E L Y P O R T N E H
N O N A T Đ I Ệ N K P H B H
P P H O T O N Ử T N Ẽ I Đ O
G O A L T R L I P R T Ê G D
T N D L O I C P K D I N N V
Q L I I Ạ Y Ớ X Ă N G L H K
N M Ô I T R Ư Ờ N G B I Ạ M
Q H L K I Ô N H I Ễ M Ệ T V
L B I R Á U I C P R G U N N
V H A Ệ T I Ơ H A B Y G H B
N C N M T M H A Y R Y I Â G
T U A B I N B K Y D B Ó N G
C Ô N G N G H I Ễ P R O U R
Đ Ộ N G C Ơ B A C T V O N U
```

PIN	CARBON
XĂNG	ĐỘNG CƠ
NHIÊN LIỆU	HẠT NHÂN
DIESEL	MÔI TRƯỜNG
ĐIỆN	HƠI NƯỚC
ĐIỆN TỬ	TUA-BIN
ENTROPY	Ô NHIỄM
PHOTON	NHIỆT
TÁI TẠO	HYDRO
CÔNG NGHIỆP	GIÓ

50 - Familie

```
R  P  I  V  C  T  D  N  O  K  C  A  C  T
B  Y  P  Y  K  G  M  Ê  C  M  T  I  O  M
C  H  Á  U  T  R  A  I  H  C  O  N  N  K
H  U  Ẹ  M  E  Ẻ  R  T  A  Vợ N  G  Q
I  Ấ  I  M  I  B  À  Ổ  I  C  Y  C  Á  I
Q  ơ  C  H  Á  U  A  T  H  A  P  D  I  C
C  H  Á  U  G  Á  I  N  K  G  C  P  T  N
V  T  G  L  M  N  D  C  H  D  G  C  Q  K
Y  I  V  O  E  T  Ồ  M  V  T  N  A  U  N
I  Ờ  K  Y  P  L  R  H  V  O  R  C  H  Ú
L  H  N  H  L  P  H  R  C  G  D  A  U  N
K  T  B  Q  K  I  T  G  A  V  Y  P  I  H
K  C  Q  D  O  C  A  O  D  Ì  Y  N  N  L
D  I  G  B  H  D  T  P  V  Ô  N  G  L  H
```

ANH TRAI	CHÁU
CON GÁI	CHÁU GÁI
BÀ	CHÚ
THỜI THƠ ẤU	ÔNG
CON	DÌ
TRẺ EM	CHA
CHÁU TRAI	TỔ TIÊN
CHỒNG	VỢ
MẸ	EM GÁI

51 - Gebouwen

```
S  L  Q  Q  V  G  N  À  T  O  Ả  B  S  Đ
K  Â  T  H  Á  P  H  G  N  Q  O  B  I  Ạ
À  H  N  Y  U  I  À  Đ  U  Â  L  Ẽ  Ê  I
U  N  Á  V  H  H  M  V  L  T  O  N  U  S
K  Y  Q  C  Ậ  T  Á  H  P  Ạ  R  H  T  Ứ
I  P  H  Y  H  N  Y  O  G  L  I  V  H  Q
G  L  D  C  T  S  Đ  Y  P  P  G  I  Ị  U
B  P  K  A  L  V  Ạ  Ộ  R  R  Q  Ẽ  Đ  Á
Q  U  A  D  N  U  U  N  G  N  N  Ạ  N
O  Y  N  L  C  Ă  N  H  Ộ  G  T  Q  I  C
Đ  À  I  Q  U  A  N  S  Á  T  L  L  H  Y
D  P  B  N  Ô  N  G  T  R  Ạ  I  Y  Ọ  O
D  D  A  R  A  G  P  M  L  L  Ề  U  C  R
N  A  C  Ọ  H  G  N  Ờ  Ư  R  T  V  Ự  A
```

ĐẠI SỨ QUÁN	ĐÀI QUAN SÁT
CĂN HỘ	TRƯỜNG HỌC
NÔNG TRẠI	VỰA
CABIN	SÂN VẬN ĐỘNG
NHÀ MÁY	SIÊU THỊ
GA-RA	LỀU
KHÁCH SẠN	RẠP HÁT
NHÀ	THÁP
LÂU ĐÀI	ĐẠI HỌC
BẢO TÀNG	BỆNH VIỆN

52 - Beroepen #1

```
G  N  À  H  N  Â  G  N  L  P  Y  T  L  N
I  I  H  C  N  P  H  B  U  L  T  H  Í  G
D  Ĩ  T  À  N  Y  V  P  Ậ  U  Á  Ợ  N  H
Ứ  S  I  Ạ  Đ  H  T  L  T  M  H  S  H  Ễ
N  C  N  J  A  Ị  À  O  S  B  Y  Ă  C  S
T  Ự  K  M  E  K  A  V  Ư  E  L  N  Ứ  Ĩ
P  L  I  H  M  W  T  C  Ậ  R  V  U  U  P
N  H  Ạ  C  S  Ĩ  E  M  H  T  Q  D  H  I
B  Á  C  S  Ĩ  S  M  L  R  Ấ  L  H  Ỏ  A
B  V  G  N  Ô  C  Ũ  V  E  C  T  Ý  A  N
Í  H  K  Ơ  C  Ợ  H  T  P  R  U  U  A  O
T  Q  G  D  I  Ư  M  L  K  B  U  Q  O  D
K  H  V  L  I  D  Q  M  O  U  N  Y  B  A
N  O  I  B  I  Ê  N  T  Ậ  P  V  I  Ê  N
```

LUẬT SƯ	NHÀ ĐỊA CHẤT
ĐẠI SỨ	THỢ SĂN
DƯỢC SĨ	JEWELER
LỰC SĨ	PLUMBER
NGÂN HÀNG	THỢ CƠ KHÍ
LÍNH CỨU HỎA	NHẠC SĨ
VŨ CÔNG	NHÀ VẬT LÝ
BÁC SĨ	NGHỆ SĨ PIANO
BIÊN TẬP VIÊN	Y TÁ

53 - Antarctica

```
Y  D  T  B  H  V  L  V  B  Q  P  G  B  N
T  I  K  H  N  Ị  V  T  U  Ă  H  A  Ả  H
Ụ  C  Q  H  Ă  G  O  C  Ớ  Ừ  N  G  O  I
C  Ư  C  M  O  M  G  B  M  Y  Ì  G  T  Ễ
H  Y  L  K  B  Á  D  N  C  T  H  N  Ồ  T
N  Đ  Ả  O  R  L  N  Ò  L  N  A  Ờ  N  Đ
Á  Y  O  O  V  P  Y  G  Y  B  Ị  Ư  K  Ộ
C  K  H  O  A  H  Ọ  C  S  D  Đ  R  P  Q
M  Ô  N  Đ  Ị  A  L  Ý  Q  Ả  A  T  Q  O
I  À  O  L  B  Ị  Y  C  G  G  N  I  G  H
H  A  M  T  Y  Đ  R  B  D  P  I  Ô  Y  V
C  H  N  Y  K  C  O  R  Y  Â  M  M  Á  Đ
Q  V  I  I  C  Ụ  S  Ô  N  G  B  Ă  N  G
Q  A  N  H  B  L  B  Á  N  Đ  Ả  O  K  Y
```

VỊNH	MÔI TRƯỜNG
BẢO TỒN	CHIM CÁNH CỤT
LỤC ĐỊA	ROCKY
ĐẢO	BÁN ĐẢO
THĂM DÒ	LOÀI
MÔN ĐỊA LÝ	NHIỆT ĐỘ
SÔNG BĂNG	ĐỊA HÌNH
BĂNG	NƯỚC
DI CƯ	KHOA HỌC
KHOÁNG SẢN	ĐÁM MÂY

54 - Vissen

```
Q  L  L  Y  V  C  Â  N  N  Ặ  N  G  T  P
H  À  M  Q  Y  Â  H  Ể  H  B  P  N  H  H
K  R  H  O  I  O  Y  I  G  Ồ  I  Ơ  U  Ó
I  C  Ớ  Ư  N  N  T  B  Y  B  L  Ư  Y  N
Ê  Ó  Y  I  U  K  H  I  I  Y  U  D  Ề  G
N  M  D  Ổ  Y  C  I  Ã  O  O  S  I  N  Đ
N  Q  Ồ  R  G  A  Ế  B  L  T  Ô  Ạ  O  Ạ
H  Q  U  I  V  M  T  K  H  H  N  Đ  I  I
Ẫ  D  Y  Á  M  Ù  B  H  O  K  G  O  N  B
N  Q  Y  C  U  A  Ị  T  N  K  N  O  Ấ  M
G  A  V  M  Y  T  G  G  V  M  A  T  U  Y
N  O  I  R  U  H  L  H  N  B  M  P  D  Q
R  H  M  C  D  Â  Y  K  Y  U  Y  N  M  B
I  B  K  L  B  T  I  B  R  N  K  P  I  T
```

MỒI	CÁI RỔ
THIẾT BỊ	HỒ
THUYỀN	ĐẠI DƯƠNG
DÂY	PHÓNG ĐẠI
KIÊN NHẪN	SÔNG
CÂN NẶNG	MÙA
MÓC	BÃI BIỂN
HÀM	VÂY
MANG	NƯỚC
NẤU	

55 - Fruit

```
Y  Q  O  L  H  Đ  Ơ  B  I  Á  R  T  Đ  Q
D  O  U  Ê  V  Y  U  T  N  N  O  Á  À  U
Ừ  Ơ  M  Ả  U  Q  I  Đ  D  Ư  A  O  O  Ả
A  K  O  B  K  R  A  M  Ủ  A  K  À  C  M
C  A  M  B  P  I  Ố  U  H  C  H  Đ  N  Ọ
M  G  C  G  H  A  W  B  A  Q  D  H  H  N
M  C  H  A  N  H  B  I  O  P  T  N  O  G
T  R  Á  I  X  O  À  I  R  H  H  A  V  M
C  Â  Y  X  U  Â  N  Đ  À  O  T  Ả  M  L
T  P  T  B  U  U  Ậ  R  G  P  B  U  Â  O
H  B  P  C  B  T  M  M  K  G  K  Q  M  D
D  D  H  C  Y  N  R  I  C  T  K  Y  X  B
O  I  Ứ  T  M  G  T  I  B  P  L  L  Ô  H
N  G  O  A  M  P  C  P  Y  T  M  O  I  T
```

QUẢ MƠ	QUẢ KIWI
DỨA	DỪA
TÁO	TRÁI XOÀI
TRÁI BƠ	DƯA
CHUỐI	CÂY XUÂN ĐÀO
QUẢ MỌNG	CAM
CHANH	ĐU ĐỦ
NHO	LÊ
MÂM XÔI	ĐÀO
QUẢ ANH ĐÀO	MẬN

56 - Engineering

```
D  N  V  B  T  N  Á  O  T  H  N  Í  T  T
M  Y  K  C  C  C  Ă  U  R  P  R  R  Á  R
P  V  M  N  H  U  C  N  S  Ơ  Đ  Ồ  S  Ụ
M  I  K  P  N  I  O  I  G  U  C  N  A  C
Y  T  M  D  Í  Y  P  R  S  L  K  L  M  H
U  Q  A  T  K  R  N  I  Ứ  E  Ư  A  B  R
B  C  O  G  G  M  Á  Y  C  S  Ự  K  P
C  Ử  Đ  Ộ  N  G  N  A  M  E  K  X  N
C  Ó  P  P  Ờ  Ở  H  O  Ạ  I  Ế  Â  D  G
H  T  G  L  Ư  C  L  X  N  D  T  Y  K  L
U  Â  S  Ộ  Đ  K  Y  T  H  Q  C  D  N  A
Đ  Ộ  N  G  C  Ơ  Ẩ  K  Ấ  K  Ấ  Ự  B  M
V  R  I  G  Ổ  N  Đ  Ị  N  H  U  N  V  V
A  P  K  V  V  A  P  D  B  T  C  G  V  D
```

TRỤC	SỨC MẠNH
TÍNH TOÁN	MÁY
CỬ ĐỘNG	ĐO
XÂY DỰNG	ĐỘNG CƠ
SƠ ĐỒ	XOAY
ĐƯỜNG KÍNH	ỔN ĐỊNH
ĐỘ SÂU	KẾT CẤU
DIESEL	CHẤT LỎNG
NĂNG LƯỢNG	ĐẨY
GÓC	MA SÁT

57 - Literatuur

```
H  Ộ  I  T  H  O  Ạ  I  R  D  U  T  C  N
G  I  A  I  T  H  O  Ạ  I  U  P  Ị  H  N
P  H  Ầ  N  K  Ế  T  L  U  Ậ  N  A  C  Ơ
T  G  P  T  L  V  Y  N  T  I  T  B  Ị  P
P  I  G  R  M  L  Ẫ  G  Ư  Á  Ế  Q  K  M
H  R  Ể  T  D  A  S  N  Ơ  I  Y  M  I  Q
Â  L  S  U  G  L  Ự  Ở  N  G  U  V  B  I
N  B  O  Q  S  V  M  Ư  G  C  H  Ủ  Đ  Ề
T  À  S  U  M  Ử  I  T  T  Á  T  T  K  B
Í  I  Á  T  B  I  Ê  N  Ự  T  U  B  D  O
C  T  N  O  H  A  U  Ễ  P  Q  Ể  P  N  Ẫ
H  H  H  M  G  O  T  I  N  Ế  I  K  Ý  N
M  Ơ  I  U  M  G  Ả  V  A  V  T  L  K  D
P  H  O  N  G  C  Á  C  H  H  I  G  A  Ụ
```

TƯƠNG TỰ
PHÂN TÍCH
GIAI THOẠI
TÁC GIẢ
TIỂU SỬ
PHẦN KẾT LUẬN
HỘI THOẠI
VIỄN TƯỞNG
BÀI THƠ
Ý KIẾN

ẨN DỤ
SỰ MIÊU TẢ
THƠ
VẦN
NHỊP
TIỂU THUYẾT
PHONG CÁCH
CHỦ ĐỀ
BI KỊCH
SO SÁNH

58 - Technologie

```
T H Ô N G Đ I Ễ P R P C T C
U B T A C K P I O K Y Y R Y
N R A H I I H N Ả Y Á M Ì M
K G Y R I R Ầ M K T N C N À
M Ỹ H N I N N A N V B V H N
Á L T I Ộ N M G V U K P D P
Y G C H Ê Y Ề M G P P U U R
T K Ỏ T U N M R D D G U Y H
Í I R P Y Ậ C H U Ữ H C Ễ Q
N K T O Y B T Ứ P G L L T M
H A N C T U G S U L I I T N
B L O G Ê K G N Ố H T K Ệ V
V A C A T Ậ P T I N O N Y U
I N T E R N E T V I R Ú T R
```

THÔNG ĐIỆP
TẬP TIN
BLOG
TRÌNH DUYỆT
NỘI
MÁY ẢNH
MÁY TÍNH
CON TRỎ
KỸ THUẬT SỐ
DỮ LIỆU

INTERNET
CHỮ
NGHIÊN CỨU
MÀN
PHẦN MỀM
THỐNG KÊ
AN NINH
ẢO
VI RÚT

59 - Boeken

```
C  Â  U  C  H  U  Y  Ễ  N  M  R  B  N  T
V  B  Ố  I  C  Ả  N  H  P  I  A  À  G  I
B  Ă  D  R  C  Ừ  G  M  U  L  A  I  Ư  Ể
Ộ  G  N  A  R  T  G  B  K  D  O  T  Ờ  U
S  P  N  H  P  G  Q  T  P  N  Ả  H  I  T
Ư  Q  A  C  Ọ  K  É  O  D  À  I  Ơ  Đ  H
U  K  U  Ị  G  C  L  O  Ạ  T  G  B  Ọ  U
T  D  Q  K  N  Ớ  O  L  T  G  C  V  C  Y
Ậ  I  N  I  M  Ư  Y  K  Y  L  Á  K  A  Ế
P  V  Ê  B  G  H  H  O  C  P  T  K  U  T
Q  H  I  O  M  I  S  Á  N  G  T  Ạ  O  M
C  H  L  Ế  C  À  N  H  Â  N  V  Ậ  T  A
C  T  Ó  U  T  H  I  T  L  Ị  C  H  S  Ử
I  H  C  L  Q  O  T  H  Ơ  O  R  T  M  Y
```

TÁC GIẢ	NHÂN VẬT
TRANG	NGƯỜI ĐỌC
BỘ SƯU TẬP	VĂN HỌC
BỐI CẢNH	THƠ
KÉO DÀI	CÓ LIÊN QUAN
BÀI THƠ	TIỂU THUYẾT
VIẾT	LOẠT
LỊCH SỬ	BI KỊCH
HÀI HƯỚC	CÂU CHUYỆN
SÁNG TẠO	TỪ

60 - Meer Informatie

```
T  Ả  T  N  D  T  L  I  Ớ  I  G  Ế  H  T
H  O  Ự  Ổ  L  Y  H  C  Á  S  H  Y  N  I
I  G  Ở  H  Ử  H  S  Ự  U  T  O  P  I  A
Ê  I  N  P  A  H  P  T  C  H  P  A  T  L
N  Á  G  Q  Y  G  K  C  O  T  H  O  H  G
H  C  T  I  K  C  T  C  G  P  Ế  T  N  N
À  R  Ư  K  R  Q  V  A  K  H  I  T  À  Ơ
U  H  Ợ  M  I  I  N  Ẩ  Í  B  Ờ  A  H  Ư
D  T  N  N  Ả  B  H  C  Ị  K  V  Y  L  T
V  P  G  Q  T  U  Á  B  I  C  T  G  A  L
U  K  B  L  Y  V  I  R  L  P  Ẽ  I  O  C
C  N  G  U  Y  Ê  N  T  Ử  Q  Y  A  B  I
Q  Ự  C  Ô  N  G  N  G  H  Ẽ  U  U  L  B
E  L  C  A  R  O  M  M  K  B  T  R  T  C
```

NGUYÊN TỬ
SÁCH
LỬA
TƯỞNG TƯỢNG
DYSTOPIA
NỔ
CỰC
TUYỆT VỜI
TƯƠNG LAI
ẢO GIÁC

NHÁI
BÍ ẨN
ORACLE
HÀNH TINH
THỰC TẾ
KỊCH BẢN
THIÊN HÀ
CÔNG NGHỆ
UTOPIA
THẾ GIỚI

61 - Haartypes

```
Đ  B  H  P  M  L  T  Y  I  H  A  M  M  Y
E  L  P  Q  Ị  N  G  P  D  H  U  I  À  D
N  N  H  H  N  M  Á  X  U  À  M  G  U  A
S  Á  N  G  B  Ó  N  G  À  T  Y  B  N  P
L  B  Ạ  Ắ  L  H  Ó  I  M  D  G  Y  Â  P
R  M  M  C  G  R  B  B  N  M  G  P  U  D
U  O  E  R  R  N  Ă  O  X  G  N  Ắ  R  T
C  R  Ở  R  O  R  U  Y  P  N  Ẽ  O  A  C
K  N  H  M  Ỏ  N  G  D  Y  À  B  G  G  A
G  U  K  I  O  C  U  U  I  V  U  Ạ  L  B
C  M  G  T  I  D  M  I  V  C  C  N  C  C
H  D  U  H  Y  U  Y  M  C  Ó  O  K  Q  O
U  K  Y  C  O  P  K  Ề  Y  T  H  H  C  T
D  I  H  M  B  H  U  M  D  L  K  Ô  H  C
```

TÓC VÀNG	MÀU XÁM
MÀU NÂU	HÓI
DÀY	NGẮN
KHÔ	CURLS
MỎNG	XOĂN
MÀU	DÀI
BỆN	TRẮNG
KHỎE MẠNH	MỀM
MỊN	BẠC
SÁNG BÓNG	ĐEN

62 - Creativiteit

```
B  R  P  M  A  G  A  G  R  U  Y  Q  U  T
I  N  G  H  Ệ  T  H  U  Ậ  T  C  T  N  Í
Ể  R  Q  K  R  C  Ấ  N  T  Ư  Ợ  N  G  N
U  A  M  P  A  L  Ả  K  Ả  B  B  Q  N  H
H  C  Ú  X  M  Ả  C  M  Ị  N  P  O  Ở  X
I  Ư  T  Ự  P  H  Á  T  H  C  H  C  Ư  Á
Ễ  Ờ  L  O  H  B  A  O  O  Ứ  H  Á  T  C
N  N  Ì  H  N  M  Ầ  T  Ạ  C  N  I  Ý  T
K  G  Y  A  A  K  C  L  T  K  Q  G  L  H
Ỹ  Đ  T  T  I  C  Á  I  G  M  Ả  C  Ỏ  Ự
N  Ộ  R  Õ  R  À  N  G  N  M  H  Ự  N  C
Ă  C  A  T  C  L  R  U  Á  O  B  R  G  O
N  U  P  M  M  P  A  Y  S  P  I  T  O  P
G  K  T  B  Y  U  S  Ứ  C  S  Ố  N  G  L
```

NGHỆ THUẬT
ẢNH
KỊCH
TÍNH XÁC THỰC
CẢM XÚC
CẢM GIÁC
RÕ RÀNG
Ý TƯỞNG
ẤN TƯỢNG
CẢM HỨNG

CƯỜNG ĐỘ
TRỰC GIÁC
SÁNG TẠO
TỰ PHÁT
BIỂU HIỆN
KỸ NĂNG
TẦM NHÌN
SỨC SỐNG
LỎNG

63 - Natuur

```
S  P  R  A  Q  V  K  T  H  Á  N  H  N  B
Y  Ô  E  U  B  I  D  Y  U  I  Ú  N  Ă  Ắ
M  T  N  T  Ậ  V  G  N  Ộ  Đ  Y  Ì  N  C
P  D  E  G  X  B  Ể  I  G  O  V  B  G  C
T  Y  R  N  B  Ó  H  Đ  D  N  G  A  Đ  Ự
P  M  E  Ô  Q  Ă  I  R  Ẹ  G  T  Ò  Ộ  C
L  P  S  S  N  H  N  M  O  P  R  H  N  G
M  I  T  C  A  O  A  G  Ò  Q  Ừ  U  G  H
T  R  C  Ạ  Y  A  G  R  Q  N  N  N  N  R
G  G  Ù  M  G  N  Ơ  Ư  S  Y  G  Q  A  C
O  N  D  A  O  G  N  Ọ  R  T  N  A  U  Q
L  V  G  S  L  D  Đ  Á  M  M  Â  Y  T  H
Á  L  K  C  V  Ã  N  H  I  Ệ  T  Đ  Ớ  I
L  I  L  U  P  P  R  Y  Y  T  V  R  Q  I
```

BẮC CỰC
NÚI
ONG
RỪNG
ĐỘNG VẬT
NĂNG ĐỘNG
XÓI MÒN
LÁ
SÔNG BĂNG
THÁNH

SƯƠNG MÙ
SÔNG
HÒA BÌNH
VẺ ĐẸP
SERENE
NHIỆT ĐỚI
QUAN TRỌNG
HOANG DÃ
SA MẠC
ĐÁM MÂY

64 - Zoogdieren

```
C  I  T  H  Ỏ  T  N  C  K  H  H  V  H  C
R  O  O  R  A  G  N  A  K  H  M  R  P  O
N  V  Y  B  Y  L  P  N  L  D  Ỉ  N  D  N
C  N  M  O  E  H  Á  C  B  Ê  K  C  S  M
H  O  R  R  T  R  T  B  Q  I  K  Á  Ư  È
Ó  C  R  M  C  E  K  G  Ò  N  P  V  T  O
H  Ư  Ơ  U  C  A  O  C  Ổ  Đ  V  O  Ử  L
C  H  Ó  S  Ó  I  M  P  L  N  Ự  I  H  C
B  A  L  T  C  B  Q  O  U  B  O  C  I  L
B  Y  L  V  Á  K  H  Ỉ  Đ  Ộ  T  K  N  Ạ
H  Y  A  H  O  U  Y  G  L  K  H  U  G  C
H  A  Y  B  U  I  O  L  U  I  A  B  Ự  Đ
U  C  D  O  N  K  E  Y  D  V  R  A  A  À
H  Ả  I  L  Y  K  Q  Q  H  P  A  B  M  H
```

KHỈ	KANGAROO
HẢI LY	CON MÈO
COYOTE	THỎ
CÁ HEO	SƯ TỬ
DONKEY	CON VOI
DÊ	NGỰA
HƯƠU CAO CỔ	BÒ ĐỰC
KHỈ ĐỘT	CÁO
CHÓ	CÁ VOI
LẠC ĐÀ	CHÓ SÓI

65 - Overheid

```
G  L  Ã  N  H  Đ  Ạ  O  I  Q  T  C  U  U
N  H  I  Ế  N  P  H  Á  P  Q  U  R  M  Ủ
A  T  Ự  D  O  I  A  C  D  L  C  Y  L  H
B  A  C  D  T  T  M  Q  P  Q  H  H  Ề  C
U  I  N  Ậ  U  L  O  Ả  H  T  Í  Ò  Q  N
Ể  G  Ể  D  Â  N  S  Ự  Á  M  N  A  A  Â
I  C  A  U  Y  M  C  T  O  H  B  Y  D
T  Ố  H  D  T  D  O  D  B  N  T  Ì  V  A
Y  U  H  H  Ậ  Ư  C  R  I  U  R  N  I  B
Q  Q  Q  O  U  Y  Ợ  V  Ể  M  Ị  H  R  Q
G  L  C  P  L  Y  I  N  U  E  M  I  V  V
B  Ì  N  H  Đ  Ẳ  N  G  G  N  Ậ  U  Q  V
T  Ư  P  H  Á  P  H  C  Ị  T  C  Ố  U  Q
S  Ự  C  Ô  N  G  B  Ằ  N  G  O  I  I  O
```

QUỐC TỊCH	QUỐC GIA
DÂN SỰ	CHÍNH TRỊ
DÂN CHỦ	QUYỀN
THẢO LUẬN	HÒA BÌNH
BÌNH ĐẲNG	TIỂU BANG
TƯ PHÁP	BIỂU TƯỢNG
SỰ CÔNG BẰNG	PHÁT BIỂU
HIẾN PHÁP	TỰ DO
LÃNH ĐẠO	LUẬT
MONUMENT	QUẬN

66 - Voertuigen

```
B  P  X  T  Ý  U  B  E  X  I  X  P  Ố  L
È  K  E  U  H  I  Ả  T  E  X  E  H  C  G
P  Ạ  Đ  E  X  U  B  P  O  E  T  À  A  A
R  R  I  Y  A  B  Y  Á  M  T  A  H  R  D
P  Y  Ẽ  D  T  P  T  Ề  D  Ắ  Y  V  A  B
M  U  N  A  V  D  M  D  N  C  G  H  V  O
I  N  N  K  I  M  R  Á  P  X  A  D  A  H
Ơ  C  G  N  Ộ  Đ  V  Q  Y  I  V  G  N  V
H  A  Ầ  X  E  L  Ử  A  P  K  Q  I  G  A
E  R  M  Ầ  G  N  U  À  T  B  É  U  D  T
X  E  C  Ứ  U  T  H  Ư  Ơ  N  G  O  Q  K
T  Ê  N  L  Ử  A  B  N  T  Y  D  K  B  D
Y  C  Q  H  V  Y  O  P  T  N  C  P  N  A
A  M  T  U  Y  V  M  V  D  C  R  P  T  V
```

XE CỨU THƯƠNG	TÀU NGẦM
XE HƠI	TÊN LỬA
LỐP	XE TAY GA
VAN	XE TẮC XI
THUYỀN	MÁY KÉO
XE BUÝT	XE LỬA
CARAVAN	PHÀ
XE ĐẠP	MÁY BAY
XE ĐIỆN NGẦM	BÈ
ĐỘNG CƠ	XE TẢI

67 - Geografie

```
T  P  N  H  A  T  L  A  S  Q  K  N  Ú  I
V  T  V  U  Y  L  M  G  N  U  I  L  C  P
R  Ĩ  H  B  Â  C  Y  H  L  Ố  N  Ể  I  B
O  Ả  Đ  Ế  T  K  I  A  D  C  H  G  T  N
R  A  H  Ộ  G  Đ  A  I  T  G  T  V  H  Q
D  M  I  O  N  I  Ạ  B  U  I  U  P  À  V
A  A  V  V  Ớ  N  Ớ  I  T  A  Y  H  N  U
H  N  A  I  Ư  Y  K  I  D  U  Ế  U  H  K
D  A  U  M  H  O  Q  Ồ  P  Ư  N  Ầ  P  H
X  Í  C  H  Đ  Ạ  O  Đ  G  B  Ơ  C  H  U
L  H  Ắ  U  A  S  Ô  N  G  H  H  N  Ố  V
C  P  B  O  Q  L  U  Ả  R  N  O  Á  G  Ự
L  P  Đ  Ộ  C  A  O  B  N  V  O  B  T  C
L  Ụ  C  Đ  Ị  A  P  A  G  M  U  V  O  G
```

ATLAS
NÚI
VĨ ĐỘ
LỤC ĐỊA
ĐẢO
XÍCH ĐẠO
BÁN CẦU
ĐỘ CAO
BẢN ĐỒ
QUỐC GIA

KINH TUYẾN
BẮC
ĐẠI DƯƠNG
KHU VỰC
SÔNG
THÀNH PHỐ
THẾ GIỚI
HƯỚNG TÂY
BIỂN
PHÍA NAM

68 - Kunstbenodigdheden

```
K  H  B  G  C  R  H  Y  Q  U  P  B  Q  C
E  Ế  À  P  I  L  C  Ớ  Ư  N  U  À  M  T
O  H  N  Ả  Y  Á  M  Y  D  R  M  N  I  Đ
A  G  C  Ắ  S  U  À  M  T  Ầ  N  A  N  Ấ
Y  I  H  G  Q  L  C  S  Ơ  N  U  H  E  T
L  Ấ  Ả  R  T  K  E  B  G  I  H  T  A  S
D  N  I  K  T  O  Ạ  T  G  N  Á  S  S  É
L  H  L  G  P  A  A  Q  S  P  O  V  E  T
A  D  I  C  I  L  Y  R  C  A  I  O  L  G
P  O  P  Ự  T  H  V  M  T  D  P  K  V  V
Q  V  R  M  B  B  Ú  T  C  H  Ì  Y  N  D
A  I  M  R  V  G  T  N  H  V  R  O  G  N
N  Ư  Ớ  C  G  N  T  Ẩ  Y  B  M  M  T  O
L  U  T  M  N  R  P  I  N  O  A  G  B  C
```

ACRYLIC	MÀU SẮC
MÀU NƯỚC	KEO
BÀN CHẢI	DẦU
MÁY ẢNH	GIẤY
SÁNG TẠO	PASTELS
EASEL	BÚT CHÌ
TẨY	GHẾ
THAN	BÀN
MỰC	SƠN
ĐẤT SÉT	NƯỚC

69 - Barbecues

```
U U R T M Ù A H È R N G N T
B Ữ A T Ố I D N I O A À Ó R
N H U Ê I T T Ì C A D U N Á
I A H M Đ Ó I Đ Q P U O G I
L Q C U S V Y A N Ư Ớ N G C
R O À Ố D N M I Ờ M I Ờ L Â
Y N C I A A Ư G H À N H N Y
R A N T L I O Ớ L Y K B G Y
K G Y I A G H Y C Ạ H N M Â
Q V K I S K R O F X B N L U
B Ữ A T R Ư A Y K D Ố T R U
P Q V M O B M A Y K T T C T
T B B I N H I Q U L Y O H I
P D R D V P M V G M T T M U
```

BỮA TỐI
GIA ĐÌNH
TRÁI CÂY
NƯỚNG
RAU
NÓNG
ĐÓI
GÀ
BỮA TRƯA
DAO

ÂM NHẠC
TIÊU
SALADS
NƯỚC XỐT
CÀ CHUA
HÀNH
LỜI MỜI
FORKS
MÙA HÈ
MUỐI

70 - Schoonheid

```
Q  U  T  H  A  N  H  L  Ị  C  H  L  Q  Â
I  Ộ  G  U  Ằ  D  A  R  A  C  S  A  M  N
S  O  N  M  Ô  I  P  D  L  H  D  R  M  Ị
M  Ỹ  P  H  Ẩ  M  D  Ị  C  H  V  Ụ  P  M
A  Ơ  Y  K  A  Q  H  K  É  O  V  B  H  G
O  O  H  G  C  S  A  N  G  T  R  Ọ  N  G
I  N  A  T  G  Q  U  Y  Ế  N  R  Ũ  N  Ă
M  Ể  I  Đ  G  N  A  R  T  C  V  R  M  N
C  K  R  K  A  N  S  T  Y  L  I  S  T  Ả
D  U  G  T  D  V  Ơ  R  U  T  B  T  P  N
K  À  R  Ư  H  Y  C  Ư  Q  B  D  K  V  H
D  M  D  L  Ơ  V  C  K  H  G  U  N  H  C
Ầ  R  U  H  S  N  I  K  N  P  V  G  V  B
U  K  O  U  M  C  G  C  G  C  Q  V  L  U
```

QUYẾN RŨ	MÀU
MỸ PHẨM	CURLS
DỊCH VỤ	SON MÔI
THANH LỊCH	MASCARA
SANG TRỌNG	DẦU
ĂN ẢNH	KÉO
ÂN	DẦU GỘI
HƯƠNG THƠM	GƯƠNG
MỊN	STYLIST
DA	TRANG ĐIỂM

71 - Wetenschappelijke Discip

V	Y	O	H	N	I	K	N	Ầ	H	T	Y	D	V
T	I	K	N	L	Í	H	K	Ơ	C	U	B	D	H
Â	D	S	C	I	T	O	B	O	R	Y	Y	I	N
M	L	K	I	Q	R	Á	I	I	A	G	Q	D	I
L	V	N	T	U	G	N	Ỡ	Ư	D	H	N	I	D
Ý	B	P	H	K	Y	G	Y	Q	N	R	M	K	H
G	I	Ả	I	P	H	Ẫ	U	H	Ọ	C	I	H	Ó
T	H	Ự	C	V	Ậ	T	H	Ọ	C	Ọ	Ễ	Ả	A
D	P	L	U	Ọ	O	P	P	P	D	H	N	O	H
C	Ọ	H	T	Ấ	H	C	A	Ị	Đ	I	D	C	Ọ
R	B	N	Y	B	K	H	M	D	G	Ộ	Ị	Ổ	C
H	Ó	A	S	I	N	H	N	U	I	H	C	H	G
S	I	N	H	T	H	Á	I	I	Q	Ã	H	Ọ	K
S	I	N	H	L	Ý	H	Ọ	C	S	X	L	C	K

GIẢI PHẪU HỌC
KHẢO CỔ HỌC
HÓA SINH
SINH HỌC
HÓA HỌC
SINH THÁI
SINH LÝ HỌC
ĐỊA CHẤT HỌC
MIỄN DỊCH

CƠ KHÍ
KHOÁNG
THẦN KINH
THỰC VẬT HỌC
TÂM LÝ
ROBOTICS
XÃ HỘI HỌC
DINH DƯỠNG

72 - Bijvoeglijke Naamwoorden

```
Ả  T  Ô  M  M  N  T  V  A  O  L  T  M  Đ
H  Ệ  Ư  I  H  N  Ạ  M  M  À  U  M  Ỡ  Ó
B  M  L  Ơ  H  O  Ạ  T  G  N  Á  S  C  I
V  B  H  D  I  O  A  T  L  I  U  P  H  B
T  A  P  U  G  K  K  N  Ặ  M  M  R  N  G
Ự  R  A  G  N  H  T  Ử  G  N  N  Ồ  U  B
H  A  L  R  Ờ  G  I  C  Q  D  G  Y  Ế  T
À  L  R  L  Ư  M  V  M  Ớ  I  Ã  B  I  H
O  B  U  B  H  N  Ạ  M  E  Ỏ  H  K  H  U
K  D  R  P  T  C  A  K  Y  M  C  A  K  Ầ
H  Ị  V  Ú  H  T  Ậ  H  T  N  P  A  G  N
D  Q  C  C  N  Ê  I  H  N  Ự  T  Q  N  H
C  R  D  H  Ì  B  U  Q  P  T  P  Q  Ă  D
I  K  A  T  B  I  V  G  U  P  P  M  N  T
```

THẬT	MỚI
NĂNG KHIẾU	BÌNH THƯỜNG
MÔ TẢ	MÀU MỠ
SÁNG TẠO	BUỒN NGỦ
KỊCH	MẠNH
KHỎE MẠNH	TỰ HÀO
ĐÓI	TƯƠI
THÚ VỊ	HOANG DÃ
MỆT	MẶN
TỰ NHIÊN	THUẦN

73 - Kleding

```
B  A  K  Ổ  C  G  N  À  U  Q  N  Ă  H  K
G  C  D  T  H  V  I  Á  D  P  E  O  V  V
T  Ă  N  O  I  L  O  À  O  C  L  R  U  G
Ạ  R  N  O  R  B  Ớ  M  Y  C  O  K  G  C
P  Ổ  C  G  N  Ò  V  Y  Á  R  Á  O  B  V
D  K  H  A  T  N  G  Q  V  U  I  N  P  Ò
Ề  A  M  A  J  A  P  Y  Q  L  O  Y  H  N
V  M  P  T  H  M  Y  C  U  M  K  I  I  G
Q  U  Ầ  N  J  E  A  N  Ầ  P  H  M  Ũ  T
T  H  Ắ  T  L  Ư  N  G  N  D  K  R  I  A
T  H  Ờ  I  T  R  A  N  G  Y  B  K  Y  Y
B  O  L  Á  O  K  H  O  Á  C  I  P  M  D
A  T  M  K  I  M  D  B  T  R  Ă  N  N  É
Y  H  Á  O  S  Ơ  M  I  A  M  Q  U  M  P
```

VÒNG TAY	PAJAMA
ÁO CÁNH	THẮT LƯNG
QUẦN	VÁY
GĂNG TAY	DÉP
MŨ	GIÀY
ÁO KHOÁC	TẠP DỀ
QUẦN JEAN	ÁO SƠ MI
ĂN	KHĂN QUÀNG CỔ
VÒNG CỔ	VỚ
THỜI TRANG	ÁO LEN

74 - Vliegtuigen

```
D  D  P  H  H  Ạ  X  U  Ố  N  G  N  Ó  B
A  C  N  H  À  U  Ễ  I  L  N  Ê  I  H  N
D  Í  H  K  G  N  Ô  H  K  Ị  O  I  R  C
B  A  O  V  P  H  H  I  G  Y  C  A  I  H
P  H  Ó  N  G  Ư  Ế  K  T  Ế  I  H  T  Y
N  L  I  D  H  Ớ  H  M  H  A  U  K  S  Y
C  R  Q  M  Q  N  R  I  H  Á  Q  R  K  Ử
H  A  N  Ơ  C  G  N  Ộ  Đ  K  C  V  M  P
Y  D  I  B  Ầ  U  T  R  Ờ  I  C  H  B  H
Đ  Ổ  B  Ộ  N  H  I  Ễ  U  L  O  Ạ  N  I
C  H  I  Ề  U  C  A  O  R  D  Y  H  Y  C
P  H  I  H  À  N  H  Đ  O  À  N  V  L  Ô
B  C  B  H  X  Â  Y  D  Ự  N  G  O  U  N
B  G  P  D  G  C  Á  N  H  Q  U  Ạ  T  G
```

HẠ XUỐNG
BÓNG
PHI HÀNH ĐOÀN
XÂY DỰNG
NHIÊN LIỆU
LỊCH SỬ
BẦU TRỜI
CHIỀU CAO
PHÓNG
ĐỔ BỘ

KHÔNG KHÍ
ĐỘNG CƠ
THIẾT KẾ
HÀNH KHÁCH
PHI CÔNG
CÁNH QUẠT
HƯỚNG
NHIỄU LOẠN
HYDRO

75 - Herbalisme

```
R  R  C  T  H  Ế  Ẩ  A  L  U  G  B  U  L
A  O  G  H  O  U  G  M  G  N  I  A  I  Á
U  S  D  À  A  Q  U  N  T  A  Ấ  C  K  K
T  E  O  N  A  G  E  R  O  H  M  V  B  I
H  M  T  H  L  N  U  D  M  I  Ự  M  V  N
Ì  A  V  P  U  Ú  T  H  Ì  L  À  C  Ư  H
L  R  B  H  H  H  M  Ù  I  T  Â  Y  Ờ  G
À  Y  G  Ầ  A  Y  C  Q  A  M  A  Â  N  I
T  L  R  N  H  Ư  Ơ  N  G  V  Ị  T  M  Ớ
P  H  C  H  Ấ  T  L  Ư  Ợ  N  G  Ẽ  P  I
D  L  Ơ  I  X  O  C  Y  U  D  P  H  K  Ỏ
Q  V  G  M  Y  A  G  C  G  L  L  G  K  T
T  U  V  P  G  N  N  H  Y  L  Q  N  M  D
X  Ạ  H  Ư  Ơ  N  G  H  D  L  Q  L  Q  G
```

THƠM	LÁ KINH GIỚI
HÚNG QUẾ	OREGANO
HOA	MÙI TÂY
ẨM THỰC	ROSEMARY
RAU THÌ LÀ	NGHỆ TÂY
GIẤM	HƯƠNG VỊ
XANH	XẠ HƯƠNG
THÀNH PHẦN	VƯỜN
TỎI	THÌ LÀ
CHẤT LƯỢNG	

76 - Kracht en Zwaartekracht

```
Y  M  V  M  G  O  S  V  M  L  Y  H  O  Y
M  Ở  R  Ộ  N  G  Ứ  U  N  Ý  V  N  K  B
T  C  B  Đ  Ộ  N  C  V  Í  D  L  I  G  H
R  Ự  C  C  Đ  L  É  D  H  N  Í  T  Ừ  T
U  Ờ  M  Ố  Ử  O  P  O  K  O  D  H  Ậ  A
N  N  B  T  C  G  I  A  Ơ  G  U  N  B  V
G  G  N  M  O  T  R  Ụ  C  C  N  À  M  K
T  Đ  K  H  O  Ả  N  G  C  Á  C  H  D  H
Â  Ộ  G  V  D  I  Q  U  Ỹ  Đ  Ạ  O  R  Á
M  T  Í  N  H  C  H  Ấ  T  Á  S  A  M  M
V  G  O  K  M  N  Ă  N  G  Đ  Ộ  N  G  P
C  Â  N  N  Ặ  N  G  P  P  O  Q  V  B  H
U  N  A  I  G  I  Ờ  H  T  G  V  T  G  Á
N  C  B  D  C  T  H  Ổ  H  C  B  Q  P  Y
```

KHOẢNG CÁCH
TRỤC
QUỸ ĐẠO
CỬ ĐỘNG
TRUNG TÂM
SỨC ÉP
NĂNG ĐỘNG
TÍNH CHẤT
CÂN NẶNG
TỪ TÍNH

CƠ KHÍ
VẬT LÝ
CƯỜNG ĐỘ
KHÁM PHÁ
HÀNH TINH
TỐC ĐỘ
THỜI GIAN
MỞ RỘNG
PHỔ
MA SÁT

77 - Het Bedrijf

```
C O Ạ T G N Á S L O Y R C L
H D B R O K G B G R P P C T
Ấ O I Ì D A N H T I Ế N G O
T A T N H V Ă N B Ủ I B N À
L N I H G C N Ị H R K C Ớ N
Ư H H B L R Ả Đ V T P P Ư C
Ợ T L À K R H T G N C L H Ầ
N H M Y Y O K Ế T H Ơ M U U
G U T P T A C Y U K P Đ X T
V I Ễ C L À M U I I I L R D
R L R T U M H Q G D O Y B Y
C Ô N G N G H I Ễ P R K V M
S Ả N P H Ẩ M N T I Ế N B Ộ
T I Ề N L Ư Ơ N G Đ Ầ U T Ư
```

QUYẾT ĐỊNH
SÁNG TẠO
ĐƠN VỊ
TOÀN CẦU
CÔNG NGHIỆP
DOANH THU
ĐẦU TƯ
CHẤT LƯỢNG
TIỀN LƯƠNG

KHẢ NĂNG
TRÌNH BÀY
SẢN PHẨM
DANH TIẾNG
RỦI RO
XU HƯỚNG
TIẾN BỘ
VIỆC LÀM

78 - Rijden

```
X  G  A  N  Đ  Ư  Ờ  N  G  H  Ầ  M  P  Đ
E  I  N  G  C  Ả  N  H  S  Á  T  N  Y  Ự
H  Ấ  T  U  X  E  T  Ả  I  R  V  D  O  Ờ
Ơ  Y  O  Y  K  O  K  P  K  V  L  C  D  N
I  P  À  H  A  G  N  Ô  H  T  O  A  I  G
D  H  N  I  Y  O  P  U  H  A  R  A  G  P
U  É  I  Ể  T  U  Y  Ễ  Q  B  N  Y  Đ  H
H  P  L  M  M  B  A  I  K  H  Í  H  Ư  Ố
Y  R  M  A  T  X  Ả  L  M  C  Đ  V  Ờ  D
L  D  L  V  A  E  M  N  Ộ  O  I  D  N  R
T  K  K  T  I  M  V  Ê  Đ  O  B  C  G  B
D  P  B  D  N  Á  R  I  C  Ồ  Ộ  V  O  P
N  D  B  P  Ạ  Y  I  H  Ố  H  R  V  K  T
R  Ơ  C  G  N  Ộ  Đ  N  T  A  D  K  N  A
```

XE HƠI   CẢNH SÁT
NHIÊN LIỆU   PHANH
GA-RA   TỐC ĐỘ
KHÍ   ĐƯỜNG PHỐ
NGUY HIỂM   ĐƯỜNG HẦM
BẢN ĐỒ   AN TOÀN
GIẤY PHÉP   GIAO THÔNG
ĐỘNG CƠ   ĐI BỘ
XE MÁY   XE TẢI
TAI NẠN   ĐƯỜNG

79 - Wetenschap

```
D O B Y R T Ạ H O D P K T K
A N D A C Ọ H A O H K À H N
T Ê D A U Ậ H Í H K Y P M M
K I B P Á H P G N Ơ Ư H P V
R H C Ạ H T A Ó H G K A A B
D N O V Ử M T P Ử I H A U P
G N Q Á T Ế Y U H T Ả I G H
D Ê U T N V B V C I N L Ệ L
Ữ I A H Ê G N L R Ế Y Â C M
L H N Ự Y M S D G N R P H U
I T S C U N H Ả I H C R V P
Ẽ G Á T G O T Y N Ó A M Y M
U Q T Ế N V P U Y A C V D I
H Ó A C H Ấ T V Ậ T L Ý Y D
```

NGUYÊN TỬ
HÓA CHẤT
HẠT
TIẾN HÓA
THÍ NGHIỆM
THỰC TẾ
HÓA THẠCH
DỮ LIỆU
GIẢ THUYẾT

KHÍ HẬU
PHƯƠNG PHÁP
KHOÁNG SẢN
PHÂN TỬ
THIÊN NHIÊN
VẬT LÝ
QUAN SÁT
CÂY
NHÀ KHOA HỌC

80 - Natuurkunde

```
P  N  T  U  L  D  D  C  C  K  Y  D  Y  Đ
H  G  N  B  B  B  A  Ứ  Y  N  N  I  K  Ộ
Ổ  U  T  H  Í  N  G  H  I  Ễ  M  G  H  N
L  Y  Ạ  D  H  H  Y  T  T  A  B  I  Ố  G
N  Ê  H  D  K  T  K  G  P  G  O  A  I  C
G  N  G  R  Ơ  Ố  S  N  Ầ  T  Q  T  L  Ơ
P  T  H  I  C  P  V  Ô  O  A  O  Ố  Ứ  Q
T  Ử  V  Ỗ  N  I  Y  C  C  Y  A  C  Ợ  C
N  I  I  G  N  H  Ó  A  C  H  Ấ  T  N  R
T  Ố  C  Đ  Ộ  L  P  O  V  M  U  R  G  H
Đ  I  Ễ  N  T  Ử  O  K  A  Y  Ậ  I  C  D
P  H  Â  N  T  Ử  Y  Ạ  I  C  V  T  M  A
T  Ừ  T  Í  N  H  L  Y  N  H  N  K  Đ  B
P  A  Q  I  D  M  Ở  R  Ộ  N  G  O  A  Ộ
```

NGUYÊN TỬ
HỖN LOẠN
HÓA CHẤT
HẠT
MẬT ĐỘ
ĐIỆN TỬ
THÍ NGHIỆM
CÔNG THỨC
TẦN SỐ
KHÍ

TỪ TÍNH
KHỐI LƯỢNG
CƠ KHÍ
PHÂN TỬ
ĐỘNG CƠ
TỐC ĐỘ
MỞ RỘNG
PHỔ
GIA TỐC

81 - Muziekinstrumenten

```
D  Đ  C  G  P  M  G  P  M  B  A  O  M  Y
D  À  À  P  T  E  N  O  H  P  O  X  A  S
G  V  N  N  T  M  Ê  L  M  O  C  Y  N  S
I  Õ  È  N  H  I  I  L  U  V  H  C  D  A
K  O  K  N  H  Ạ  H  E  Q  O  U  U  O  B
K  U  H  R  O  Ạ  C  C  K  T  Ô  A  L  Y
R  G  A  R  B  D  C  N  O  R  N  B  I  Y
T  R  Ố  N  G  K  D  Q  M  O  G  K  N  A
Q  D  V  V  A  A  T  A  B  M  I  R  A  M
Đ  À  N  G  H  I  T  A  B  B  B  U  R  G
H  A  R  M  O  N  I  C  A  O  P  D  K  V
U  R  B  B  L  M  Ầ  C  G  N  Ơ  Ư  D  H
C  L  A  R  I  N  E  T  A  E  S  Á  O  P
O  R  M  L  Ụ  C  L  Ạ  C  C  K  M  U  T
```

BASS	MARIMBA
CELLO	HARMONICA
DÀN NHẠC	GÕ
SÁO	DƯƠNG CẦM
ĐÀN GHI TA	SAXOPHONE
CHIÊNG	LỤC LẠC
ĐÀN HẠC	TROMBONE
CLARINET	TRỐNG
CHUÔNG	KÈN
MANDOLIN	

82 - Ethiek

```
H  G  N  K  G  T  G  O  D  K  I  Y  T  K
H  I  H  H  N  N  U  M  C  H  B  M  R  I
Ợ  Á  Â  O  A  I  G  I  Ạ  O  G  N  U  Ê
P  T  N  A  P  C  O  U  K  R  R  T  N  N
L  R  P  N  M  C  C  P  T  M  L  Ố  G  N
Ý  Ị  H  D  G  N  Ọ  R  T  N  Ô  T  T  H
T  G  Ẩ  U  C  K  H  A  B  Â  A  G  H  Ẫ
C  D  M  N  C  Á  T  P  Ợ  H  D  N  Ự  N
G  T  G  G  P  H  Ế  I  Y  N  A  Ò  C  Ẹ
D  V  A  Q  B  C  I  B  K  Á  A  L  D  V
P  D  P  M  T  G  R  L  Ạ  C  Q  U  A  N
L  Ò  N  G  V  Ị  T  H  A  O  Y  C  A  À
I  C  P  T  H  Ư  Ơ  N  G  H  Ạ  I  H  O
N  H  Â  N  L  O  Ạ  I  O  U  P  R  C  T
```

LÒNG VỊ THA
NGOẠI GIAO
TÔN TRỌNG
TRUNG THỰC
TRIẾT HỌC
KIÊN NHẪN
CÁ NHÂN
TOÀN VẸN
THƯƠNG HẠI

NHÂN LOẠI
LẠC QUAN
HỢP LÝ
HỢP TÁC
KHOAN DUNG
LÒNG TỐT
GIÁ TRỊ
NHÂN PHẨM

83 - Antiek

```
C  M  N  A  P  H  Ụ  C  H  Ồ  I  Q  P  G
Ắ  H  C  Ị  L  H  N  A  H  T  B  B  H  R
H  Đ  Ấ  M  Ụ  C  G  I  Á  T  R  Ị  O  L
K  T  Ấ  T  S  A  I  S  U  H  T  N  E
U  H  T  U  L  G  L  D  P  V  P  Q  G  T
Ê  M  N  P  G  Ư  G  R  V  K  C  H  C  H
I  Q  L  Ậ  Y  I  Ợ  K  T  Y  P  I  Á  Ế
Đ  U  U  T  G  P  Á  N  L  B  D  B  C  K
A  M  D  U  T  R  U  X  G  N  Ồ  Đ  H  Ỷ
K  M  M  Ư  D  Í  R  T  G  N  A  R  T  N
V  T  B  S  H  D  L  K  Q  I  C  O  Ậ  D
Đ  Ồ  N  Ộ  I  T  H  Ấ  T  Y  Á  U  H  G
C  M  G  B  G  M  R  Q  M  Đ  Ầ  U  T  Ư
Ũ  N  G  H  Ệ  T  H  U  Ậ  T  L  I  U  V
```

THẬT	ENTHUSIAST
ĐIÊU KHẮC	ĐỒ NỘI THẤT
TRANG TRÍ	ĐỒNG XU
THẾ KỶ	CŨ
THANH LỊCH	GIÁ
BỘ SƯU TẬP	PHỤC HỒI
ĐẦU TƯ	PHONG CÁCH
MỤC	ĐẤU GIÁ
NGHỆ THUẬT	THU
CHẤT LƯỢNG	GIÁ TRỊ

84 - Activiteiten en Vrije Ti

```
B  Ó  N  G  C  H  À  Y  B  T  D  A  U  L
S  N  Ặ  L  T  B  Ứ  C  T  R  A  N  H  À
Ở  D  G  D  G  A  M  P  O  C  T  A  L  M
T  U  D  H  N  A  N  Ề  Y  U  Q  M  Q  V
H  L  T  B  Ễ  N  O  U  K  R  B  B  U  Ư
Í  Ị  I  Ạ  R  T  M  Ắ  C  L  Ó  C  Ằ  Ờ
C  C  Ộ  T  H  Y  H  B  Q  R  N  Â  N  N
H  H  L  Ớ  H  B  C  U  L  Q  G  U  V  C
Q  B  I  Ư  Ổ  Ư  O  G  Ậ  R  C  C  Ợ  N
Y  H  Ơ  L  R  G  G  C  I  T  H  Á  T  Y
K  L  B  I  G  V  O  I  M  L  U  U  C  I
A  K  D  C  N  O  T  R  Ã  K  Y  M  H  K
Á  Đ  G  N  Ó  B  L  P  R  N  Ề  A  L  O
I  D  P  L  B  I  T  F  I  N  N  T  I  H
```

BÓNG RỔ	THƯ GIÃN
QUYỀN ANH	DU LỊCH
LẶN	BỨC TRANH
GOLF	LƯỚT
CÂU CÁ	QUẦN VỢT
SỞ THÍCH	LÀM VƯỜN
BÓNG CHÀY	BÓNG ĐÁ
CẮM TRẠI	BÓNG CHUYỀN
NGHỆ THUẬT	BƠI LỘI

85 - Water

```
S  Đ  U  A  I  R  G  V  U  L  H  K  B  B
Ô  B  Ộ  C  Ơ  N  B  Ã  O  L  Ũ  L  Ụ  T
N  G  Đ  Ẩ  A  O  C  V  H  M  K  K  N  P
G  I  Ạ  O  M  D  N  C  Ồ  A  Ê  M  K  H
N  Ó  I  G  H  N  K  B  P  C  N  B  R  V
Ó  M  D  C  Ớ  Ư  N  I  Ơ  H  H  A  Ư  M
S  Ù  Ư  G  P  Ớ  P  L  I  T  Ế  Y  U  T
I  A  Ơ  C  L  C  G  M  Ợ  M  V  H  U  U
T  V  N  N  Q  Đ  N  E  L  M  P  Ơ  I  O
G  T  G  R  G  Á  Ố  O  Y  V  D  I  K  N
Q  A  U  L  L  R  U  I  Ủ  S  V  U  I  D
S  Ư  Ơ  N  G  G  I  Á  H  T  E  P  Y  G
A  Y  Y  L  A  U  R  Q  T  A  M  R  R  O
V  Ò  I  H  O  A  S  E  N  K  L  U  A  U
```

VÒI HOA SEN	CƠN BÃO
UỐNG	LŨ LỤT
GEYSER	MƯA
SÓNG	SÔNG
NƯỚC ĐÁ	TUYẾT
THỦY LỢI	HƠI NƯỚC
KÊNH	BAY HƠI
HỒ	ĐỘ ẨM
GIÓ MÙA	SƯƠNG GIÁ
ĐẠI DƯƠNG	

86 - Koffie

```
N  A  R  R  G  N  P  M  B  Y  C  C  Ố  G
D  U  H  R  Ị  V  G  N  Ơ  Ư  H  Ố  R  N
O  B  Ộ  L  Ọ  C  N  G  R  H  Ấ  C  V  Ờ
K  C  C  V  M  Y  Á  O  H  G  T  H  H  Ư
G  G  K  E  M  P  S  O  K  G  L  I  A  Đ
I  Q  I  P  Đ  Q  I  D  K  I  Ỏ  B  Q  Y
N  P  T  Á  Ắ  A  Ổ  H  N  Q  N  E  Đ  D
R  A  N  G  N  V  U  V  I  I  G  N  Ố  U
N  Ư  Ớ  C  G  M  B  G  Q  A  B  I  Đ  L
P  I  U  T  Y  G  A  I  B  K  U  E  Ồ  A
T  L  Q  N  A  M  Y  N  N  B  T  F  U  B
S  Ữ  A  L  P  R  Q  L  X  L  H  F  Ố  Q
A  D  A  K  R  O  Y  Y  H  A  V  A  N  K
I  G  A  I  D  K  T  R  V  P  Y  C  G  K
```

THƠM	BUỔI SÁNG
CỐC	GỐC
ĐẮNG	GIÁ
CAFFEINE	KEM
ĐỒ UỐNG	HƯƠNG VỊ
UỐNG	ĐƯỜNG
BỘ LỌC	CHẤT LỎNG
RANG	NƯỚC
XAY	ĐEN
SỮA	

87 - Schaken

```
V  T  K  I  C  Y  T  M  U  P  N  H  Q  H
N  E  Đ  T  P  V  C  R  L  U  V  B  U  T
M  Q  Ố  A  Q  U  G  H  Ắ  H  I  D  Á  H
M  Ể  I  Đ  V  A  Q  M  V  N  C  I  N  Ờ
C  Ắ  T  Y  U  Q  B  U  L  Q  G  T  Q  I
Ợ  P  H  N  I  S  Y  H  D  N  N  H  U  G
Ư  G  Ủ  G  I  Ả  I  Đ  Ấ  U  Ộ  Ô  Â  I
L  N  U  I  H  Ơ  P  A  K  I  Đ  N  N  A
N  O  B  V  T  H  H  V  I  A  Ụ  G  T  N
Ế  C  R  G  C  K  U  C  Q  P  H  M  P  I
I  B  L  N  Ộ  B  Q  U  Ò  D  T  I  Y  N
H  B  V  I  U  A  T  G  Q  R  C  N  U  C
C  O  É  H  C  G  N  Ờ  Ư  Đ  T  H  B  U
N  Ữ  H  O  À  N  G  B  H  Y  R  R  U  V
```

ĐƯỜNG CHÉO
QUÁN QUÂN
VUA
NỮ HOÀNG
HY SINH
THỤ ĐỘNG
ĐIỂM
QUY TẮC
THÔNG MINH

TRÒ CHƠI
CHIẾN LƯỢC
ĐỐI THỦ
THỜI GIAN
GIẢI ĐẤU
CUỘC THI
TRẮNG
ĐEN

88 - Boerderij #1

```
H  À  N  G  R  À  O  C  C  Q  B  G  R  H
I  G  M  I  A  D  N  Ớ  O  Ở  I  Ạ  R  Ạ
L  N  R  B  U  Q  Ô  Ư  È  N  K  O  M  T
K  V  R  L  D  O  N  M  K  O  H  Q  G
C  R  H  N  L  V  G  Â  N  G  I  N  Ô  I
C  O  H  B  O  Q  N  H  O  L  Y  N  G  Ố
Q  M  N  Ò  I  B  G  C  C  O  G  Y  V  N
Ê  B  Ó  Q  P  U  H  P  T  I  A  T  C  G
D  N  B  V  U  Y  I  Ắ  T  R  Ư  Ờ  N  G
O  I  N  Q  R  Ạ  Ễ  B  V  T  P  N  N  N
N  P  Â  R  V  U  P  C  R  C  Đ  L  H  O
K  Ó  H  C  N  G  Ự  A  N  O  À  H  G  T
E  H  P  A  C  C  T  I  A  L  N  N  D  Ậ
Y  P  R  D  K  G  U  D  M  A  P  O  O  M
```

CON ONG
DONKEY
DÊ
HÀNG RÀO
CHÓ
MẬT ONG
CỎ KHÔ
BẮP CHÂN
CON MÈO
GÀ

BÒ
CON QUẠ
ĐÀN
NÔNG NGHIỆP
PHÂN BÓN
NGỰA
GẠO
TRƯỜNG
NƯỚC
HẠT GIỐNG

89 - Huis

```
I   Ở  Ư  S  Ò  L  Đ  T  H  Y  L  C  H  V
Ó   A  N  P  B  V  È  N  Ư  N  Y  H  À  K
H   A  D  H  Ế  B  N  V  C  Ờ  K  Ổ  N  V
K   Q  C  O  K  B  Y  Ò  U  Ử  N  I  G  A
G   A  R  A  L  B  À  I  B  C  A  G  R  M
N   Ằ  R  T  B  M  Ả  H  T  A  T  N  À  M
Ố   P  H  Ò  N  G  A  O  N  Q  D  Ơ  O  L
B   Q  U  U  Ờ  A  T  A  Ễ  G  V  Ư  G  U
A   L  K  I  Ư  R  Q  S  I  Q  K  G  H  T
D   N  K  Q  V  C  A  E  V  I  O  M  I  Y
O   Y  A  Y  H  B  U  N  Ư  B  D  C  G  I
T   Ầ  N  G  H  Ầ  M  À  H  N  I  Á  M  N
Y   V  A  C  R  T  Ấ  H  T  I  Ộ  N  Ồ  Đ
P   H  Ò  N  G  N  G  Ủ  N  R  M  Q  L  P
```

CHỔI	NHÀ BẾP
THƯ VIỆN	ĐÈN
MÁI NHÀ	ĐỒ NỘI THẤT
CỬA	TƯỜNG
VÒI HOA SEN	TRẦN
GA-RA	ỐNG KHÓI
LÒ SƯỞI	PHÒNG NGỦ
HÀNG RÀO	GƯƠNG
PHÒNG	THẢM
TẦNG HẦM	VƯỜN

90 - Geometrie

```
C  T  B  Đ  Ư  Ờ  N  G  K  Í  N  H  P  S
H  N  A  T  R  U  N  G  B  Ì  N  H  I  O
I  Ò  G  M  K  R  P  N  V  A  R  V  O  N
Ề  R  N  A  G  H  A  P  I  C  D  N  N  G
U  T  Ợ  V  N  I  Ú  V  C  B  K  T  V  S
C  G  Ư  U  O  G  Á  C  D  G  T  I  G  O
A  N  L  Ô  R  I  R  C  Ó  G  O  L  H  N
O  Ò  I  N  Á  O  T  H  N  Í  T  T  Ợ  G
U  V  Ố  G  Đ  Ố  I  X  Ứ  N  G  Q  P  C
K  H  H  G  N  O  C  G  N  Ờ  Ư  Đ  L  R
C  B  K  Ó  G  H  Y  P  U  I  I  O  Ý  V
R  H  N  C  B  Ề  M  Ặ  T  B  P  C  O  Y
K  H  Ọ  C  T  H  U  Y  Ế  T  M  N  N  V
K  Í  C  H  T  H  Ư  Ớ  C  R  A  A  N  G
```

TÍNH TOÁN	HỢP LÝ
VÒNG TRÒN	VUÔNG GÓC
ĐƯỜNG CONG	KHỐI LƯỢNG
ĐƯỜNG KÍNH	TRUNG BÌNH
KÍCH THƯỚC	BỀ MẶT
TAM GIÁC	SONG SONG
GÓC	KHÚC
CHIỀU CAO	ĐỐI XỨNG
NGANG	HỌC THUYẾT

91 - Jazz

```
V  M  P  Ị  H  N  M  B  B  V  Q  B  T  O
P  O  I  B  N  D  P  M  U  B  L  A  H  T
G  D  U  P  Ạ  B  Y  G  Ổ  G  D  D  À  H
L  A  T  G  M  N  G  I  I  R  P  N  N  Ể
L  D  R  N  N  N  G  B  H  D  H  B  H  L
Â  G  T  C  Ấ  R  L  Q  Ò  À  O  À  P  O
R  M  N  G  H  Ệ  S  Ĩ  A  N  N  I  H  Ạ
C  G  N  Ă  N  I  À  T  N  N  G  H  Ầ  I
M  N  L  H  Q  Ớ  Y  Q  H  H  C  Á  N  O
G  Ứ  R  U  Ạ  M  U  H  Ạ  Ạ  Á  T  A  P
I  H  P  L  Ũ  C  L  H  C  C  C  U  O  O
P  U  R  L  Q  B  G  N  Ở  Ư  H  H  N  Ả
N  H  À  S  O  Ạ  N  N  H  Ạ  C  T  Y  M
Y  Ê  U  T  H  Í  C  H  N  A  D  I  Ổ  N
```

ALBUM	ÂM NHẠC
NGHỆ SĨ	NHẤN MẠNH
NỔI DANH	MỚI
NHÀ SOẠN NHẠC	DÀN NHẠC
BUỔI HÒA NHẠC	CŨ
YÊU THÍCH	NHỊP
THỂ LOẠI	THÀNH PHẦN
HỨNG	PHONG CÁCH
ẢNH HƯỞNG	TÀI NĂNG
BÀI HÁT	

92 - Getallen

```
M  Ư  Ờ  I  M  H  A  I  M  Ư  Ơ  I  C  M
Ă  A  I  A  Ộ  I  G  B  Á  R  A  G  H  Ư
N  K  B  H  T  D  N  B  T  R  A  R  Í  Ờ
U  T  A  I  B  M  Ư  Ờ  I  S  Á  U  N  I
H  A  I  Ờ  Ờ  Ả  B  V  Ờ  Q  U  Á  Í  B
P  H  L  Ư  O  Ư  Y  H  Ư  O  R  S  H  Ố
L  N  V  M  P  A  M  M  M  U  A  T  C  N
M  Ư  Ờ  I  L  Ă  M  H  P  G  Q  Á  I  C
A  V  C  B  P  U  P  N  O  U  N  M  Ờ  C
U  C  T  R  D  T  R  Y  Ả  B  I  Ờ  Ư  M
B  P  P  U  U  P  U  K  P  D  O  Y  M  I
L  L  B  G  D  Q  G  K  G  G  V  L  I  U
C  H  R  R  C  B  S  Ố  K  H  Ô  N  G  P
G  I  Q  O  B  A  C  H  H  R  Q  B  Ố  N
```

TÁM	HAI
MƯỜI TÁM	HAI MƯƠI
MƯỜI BA	MƯỜI BỐN
BA	BỐN
MỘT	NĂM
CHÍN	MƯỜI LĂM
MƯỜI CHÍN	SÁU
SỐ KHÔNG	MƯỜI SÁU
MƯỜI	BẢY
MƯỜI HAI	MƯỜI BẢY

93 - Boksen

```
D  Y  C  L  V  P  V  H  C  Ó  G  B  A  L
T  Y  L  G  G  N  Ơ  Ư  H  T  N  Ấ  H  C
D  A  L  L  Ă  T  Ĩ  S  U  Ấ  Đ  A  R  K
K  T  I  P  N  N  D  I  Ô  K  I  B  V  B
I  U  R  V  P  D  G  H  N  Ạ  M  C  Ứ  S
Ệ  Ỷ  H  Ọ  I  U  T  T  G  Q  Q  O  D  K
T  U  A  Đ  N  H  G  L  A  V  D  G  U  Ỹ
S  H  Y  I  Đ  G  L  U  V  Y  Đ  C  B  N
Ứ  K  Y  Ể  B  Ố  T  U  N  O  Á  R  P  Ă
C  R  H  M  Ằ  C  I  À  C  Ơ  T  H  Ể  N
M  Ể  I  Đ  U  Ê  I  T  I  G  A  M  V  G
D  Â  Y  T  H  Ừ  N  G  H  N  A  H  N  M
P  H  Ụ  C  H  Ồ  I  O  K  Ủ  N  P  M  D
N  Ắ  M  T  A  Y  L  A  Q  O  A  D  G  N
```

KHUỶU TAY
TIÊU ĐIỂM
GĂNG TAY
PHỤC HỒI
GÓC
CẰM
CHUÔNG
SỨC MẠNH
CƠ THỂ
ĐIỂM

TRỌNG TÀI
ĐÁ
NHANH
ĐỐI THỦ
DÂY THỪNG
KIỆT SỨC
KỸ NĂNG
ĐẤU SĨ
CHẤN THƯƠNG
NẮM TAY

94 - Boerderij #2

```
L M U D Q Đ I N K C Đ N L C
H K O A C Ồ V T G Q Ộ Ô Ú H
P Q U M U N Ự L N Ô N N A Í
G L U Ừ C G A U O O G G M N
S Ữ A N I C O N Ổ Y V D Ì G
U I R I G Ổ Y C T B Ậ Â R A
Y L O T A Ỗ K V P L T N K Y
M M D Ị R V N L Ú A M Ạ C H
H Ể H V I Á R G B Q L U R M
T H Ứ C Ă N I Ợ L Y Ủ H T Á
M T R A Q L M C M A G K N Y
L L K A B H L R Â Y N A U K
C Ố I X A Y G I Ó Y I Y R É
R K Y Q R T R C B I L V N O
```

TỔ ONG   NGÔ
NÔNG DÂN   SỮA
THẺ   CHÍN
ĐỘNG VẬT   CỪU
VỊT   VỰA
TRÁI CÂY   LÚA MÌ
NGỖNG   MÁY KÉO
LÚA MẠCH   THỨC ĂN
RAU   ĐỒNG CỎ
THỦY LỢI   CỐI XAY GIÓ

95 - Psychologie

```
P  T  C  L  S  O  B  D  N  B  Ý  L  P  G
C  R  K  Ả  H  U  V  L  N  T  T  Â  I  I
Ả  Ị  R  U  M  T  Y  N  A  Y  Ư  M  C  Ấ
M  L  R  Á  I  G  H  N  Á  Đ  Ở  S  I  C
X  I  N  Y  N  R  I  V  G  D  N  À  I  M
Ú  Ễ  U  H  N  Í  T  Á  C  H  G  N  G  Ơ
C  U  N  Ẹ  H  C  Ộ  U  C  B  Ĩ  G  N  T
T  H  Ờ  I  T  H  Ơ  Ấ  U  O  C  Ề  Ở  H
C  N  H  Ậ  N  T  H  Ứ  C  I  O  Đ  Ư  Ự
R  Á  I  Q  C  G  B  Ấ  T  T  Ỉ  N  H  C
M  Ễ  I  H  G  N  H  N  I  K  Y  Ấ  H  T
B  U  P  T  Ộ  Đ  G  N  U  X  U  V  N  Ế
I  L  C  G  Ô  M  G  R  T  U  G  V  Ả  K
A  H  M  G  B  I  V  H  N  À  H  U  O  Q
```

CUỘC HẸN	HÀNH VI
ĐÁNH GIÁ	CẢM GIÁC
BẤT TỈNH	Ý TƯỞNG
NHẬN THỨC	ẢNH HƯỞNG
XUNG ĐỘT	THỜI THƠ ẤU
GIẤC MƠ	LÂM SÀNG
CÁI TÔI	CÁ TÍNH
CẢM XÚC	VẤN ĐỀ
KINH NGHIỆM	THỰC TẾ
SUY NGHĨ	TRỊ LIỆU

96 - Elektriciteit

```
I  M  I  C  H  N  L  Y  T  Đ  N  R  V  G
R  N  Ạ  G  G  A  A  T  Í  È  C  N  K  P
K  Y  O  N  A  M  S  D  C  N  Đ  C  Q  D
A  V  H  Ợ  G  C  E  O  H  Y  I  C  B  I
R  N  T  Ư  N  H  R  K  C  K  Ễ  N  V  M
M  O  N  L  R  Â  K  T  Ự  A  N  N  H  U
C  M  Ẽ  Ố  P  M  D  T  C  D  M  Y  H  Ữ
K  U  I  S  N  M  T  K  H  M  U  Y  A  R
O  Q  Đ  D  B  M  G  N  Ệ  I  Đ  Ợ  H  T
P  N  Đ  Ố  I  T  Ư  Ợ  N  G  Ế  V  D  U
M  Á  Y  P  H  Á  T  Đ  I  Ệ  N  T  M  Ư
Ắ  D  C  D  Â  Y  P  Q  P  V  U  U  B  L
C  Ự  C  U  Ê  I  T  V  Q  A  B  V  A  Ị
Ổ  G  K  H  L  R  Q  N  U  O  Q  G  H  T
```

PIN	LASER
THIẾT BỊ	NAM CHÂM
DÂY	TIÊU CỰC
THỢ ĐIỆN	MẠNG
ĐIỆN	ĐỐI TƯỢNG
MÁY PHÁT ĐIỆN	LƯU TRỮ
SỐ LƯỢNG	TÍCH CỰC
CÁP	Ổ CẮM
ĐÈN	ĐIỆN THOẠI

97 - Zakelijk

N	Í	B	B	B	D	N	G	Ế	T	H	N	I	K
Â	H	P	Á	V	A	G	I	U	À	H	N	R	V
H	P	À	V	N	O	Â	Ả	H	I	R	Ậ	A	H
N	I	N	M	R	G	N	M	T	C	N	U	L	R
Ủ	H	N	U	Á	U	S	G	C	H	G	H	I	I
H	C	U	D	B	Y	Á	I	H	Í	H	N	D	C
C	K	Q	V	H	T	C	Á	B	N	Ề	I	T	Đ
G	M	C	R	I	G	H	Y	O	H	N	Ợ	G	Ầ
T	Ệ	P	Ậ	H	N	U	H	T	N	G	L	D	U
L	I	T	M	A	Ô	P	R	N	U	H	M	T	T
T	T	Ề	R	H	C	Ị	D	O	A	I	G	M	Ư
R	A	G	N	Ò	H	P	N	Ă	V	Ẽ	H	O	C
M	Ử	P	C	T	U	R	N	Q	I	P	N	Y	C
Y	C	C	I	M	Ệ	N	H	Â	N	V	I	Ê	N

CÔNG TY
NGÂN SÁCH
THUẾ
NGHỀ NGHIỆP
KINH TẾ
NHÀ MÁY
TÀI CHÍNH
TIỀN
THU NHẬP
ĐẦU TƯ

VĂN PHÒNG
GIẢM GIÁ
CHI PHÍ
GIAO DỊCH
TIỀN TỆ
BÁN
CHỦ NHÂN
NHÂN VIÊN
CỬA TIỆM
LỢI NHUẬN

98 - Voeding

```
C N R P R O T E I N H G Q Ố
N A Ó H U Ê I T Y I Ư U I T
T G L C G T K K M Ơ D R C
G B O O Y H C Y A A N V D Ộ
N V C N A C Ấ P R T G N Ắ Đ
Ỏ Y G Q I P Ị T V I V T T C
L Ê N M E N V T L V Ị R K Â
T C Ằ M Ă B A I V Ư B C H N
Ấ A B G N Ê I K N Ă Ợ H Q N
H D N C Đ B G M M D I N A Ặ
C Q Â N Ư N Ư Ớ C X Ố T G N
L L C H Ợ K H Ỏ E M Ạ N H G
G M D G C S Ứ C K H Ỏ E P R
C A R B O H Y D R A T E L G
```

ĐẮNG	SỨC KHỎE
CALO	CARBOHYDRATE
ĂN KIÊNG	CHẤT LƯỢNG
ĂN ĐƯỢC	NƯỚC XỐT
NGON	HƯƠNG VỊ
PROTEIN	GIA VỊ
CÂN BẰNG	TIÊU HÓA
LÊN MEN	ĐỘC TỐ
CÂN NẶNG	VITAMIN
KHỎE MẠNH	CHẤT LỎNG

99 - Chemie

```
T  Y  C  Á  T  C  Ú  X  T  Ấ  H  C  B  R
T  U  I  U  U  B  A  N  H  I  Ệ  T  Đ  Ộ
P  H  Ả  N  Ứ  N  G  R  H  V  D  P  T  G
V  A  I  O  I  C  R  Ử  B  A  H  P  K  K
P  H  Â  N  T  Ử  Â  T  I  O  X  D  B  E
R  M  I  G  R  A  B  N  G  U  N  I  T  M
I  T  A  U  P  Q  B  Ệ  N  Ô  X  Y  T  Y
N  H  I  Ễ  T  L  T  I  Ỏ  Ặ  N  M  Y  Z
Y  A  O  I  H  B  P  Đ  L  A  N  I  O  N
P  V  O  B  O  P  T  R  T  U  R  G  R  E
R  I  Ạ  O  L  M  I  K  Ấ  H  I  B  D  I
R  Ố  C  C  Ơ  C  U  Ữ  H  H  G  P  U  Y  O
T  U  A  R  C  R  D  Í  C  K  U  M  H  D
M  M  Ề  I  K  T  A  B  C  A  H  T  B  D
```

KIỀM	PHÂN TỬ
CLO	HỮU CƠ
ĐIỆN TỬ	PHẢN ỨNG
ENZYME	NHIỆT ĐỘ
KHÍ	CHẤT LỎNG
CÂN NẶNG	NHIỆT
ION	HYDRO
CHẤT XÚC TÁC	MUỐI
CARBON	AXIT
KIM LOẠI	ÔXY

1 - Metingen

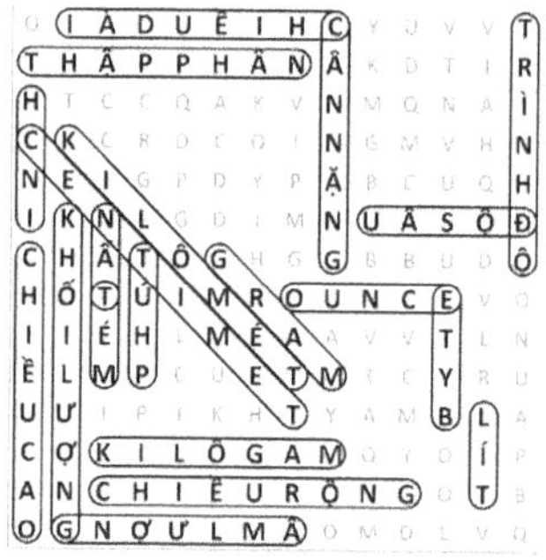

2 - Boten

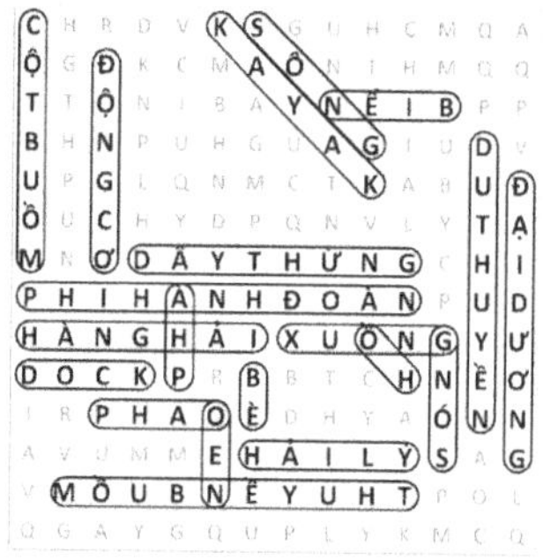

3 - Chocolade

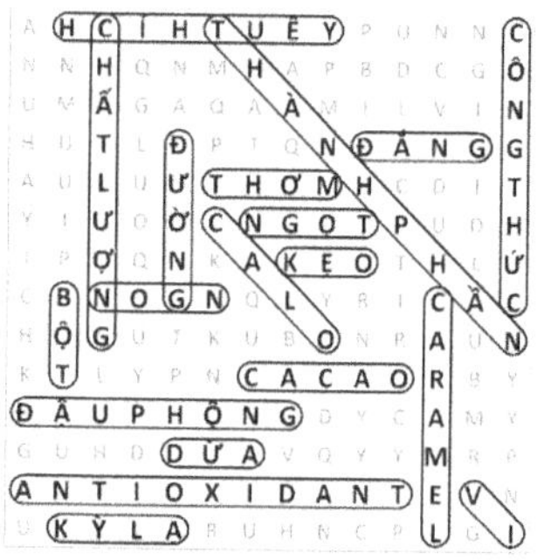

4 - Gezondheid en Welzijn #2

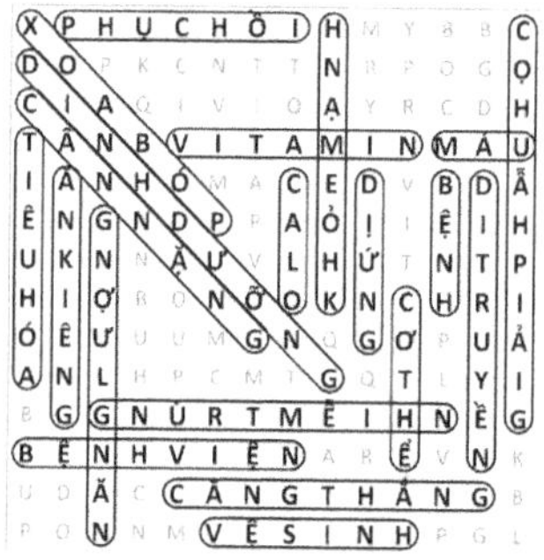

5 - Tijd

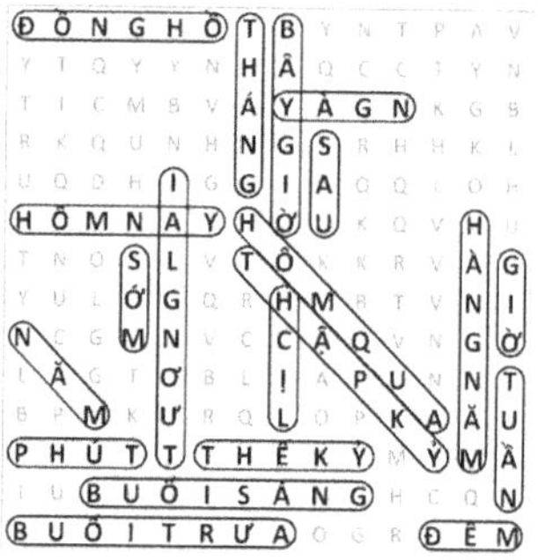

6 - Meditatie

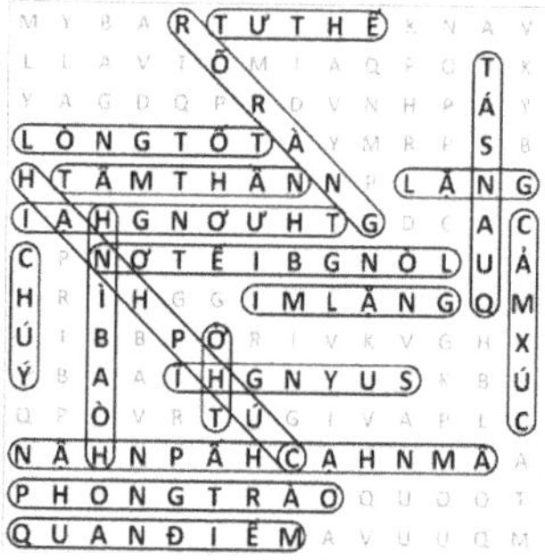

7 - Muziek

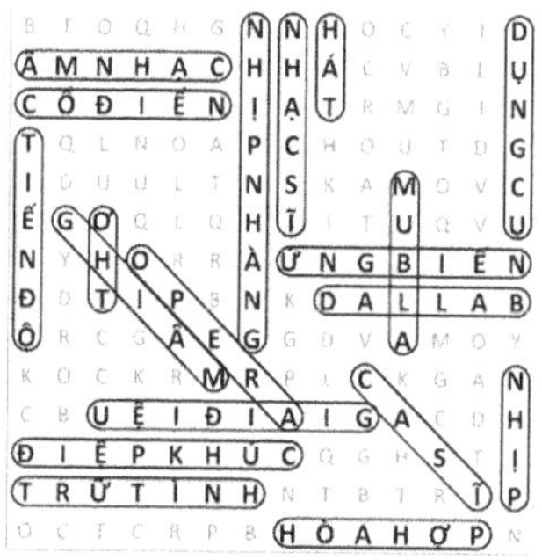

8 - Vogels

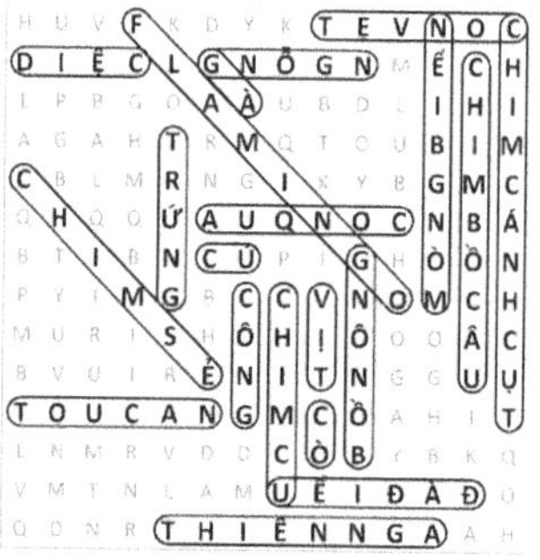

9 - Wiskunde

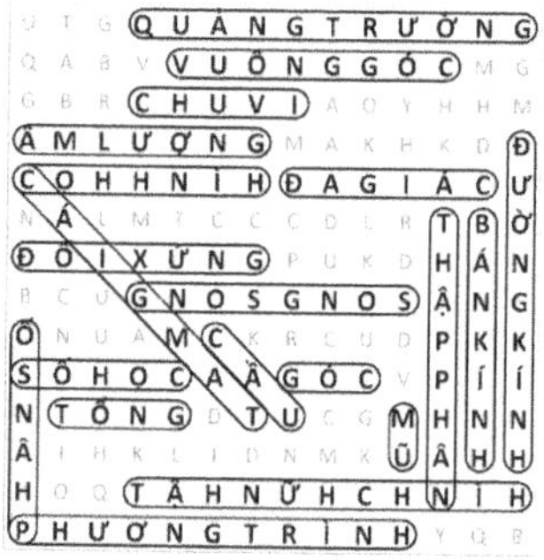

10 - Gezondheid en Welzijn #1

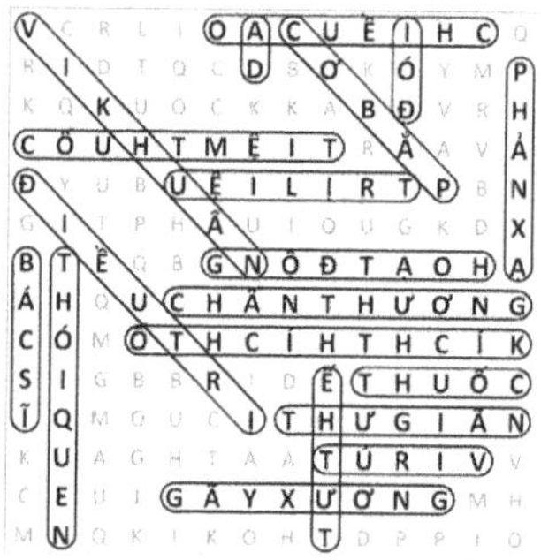

11 - Camping

12 - Algebra

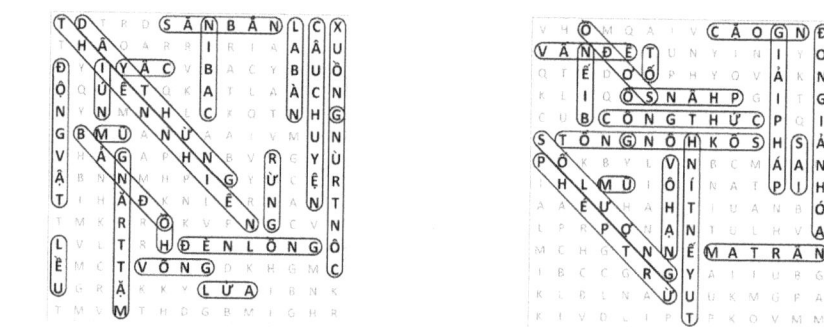

13 - Activiteiten

14 - Vormen

15 - Diplomatie

16 - Astronomie

17 - Emoties

18 - Vakantie #2

19 - Weersomstandigh

20 - Politiek

21 - Strand

22 - Eten #2

23 - Geologie

24 - Specerijen

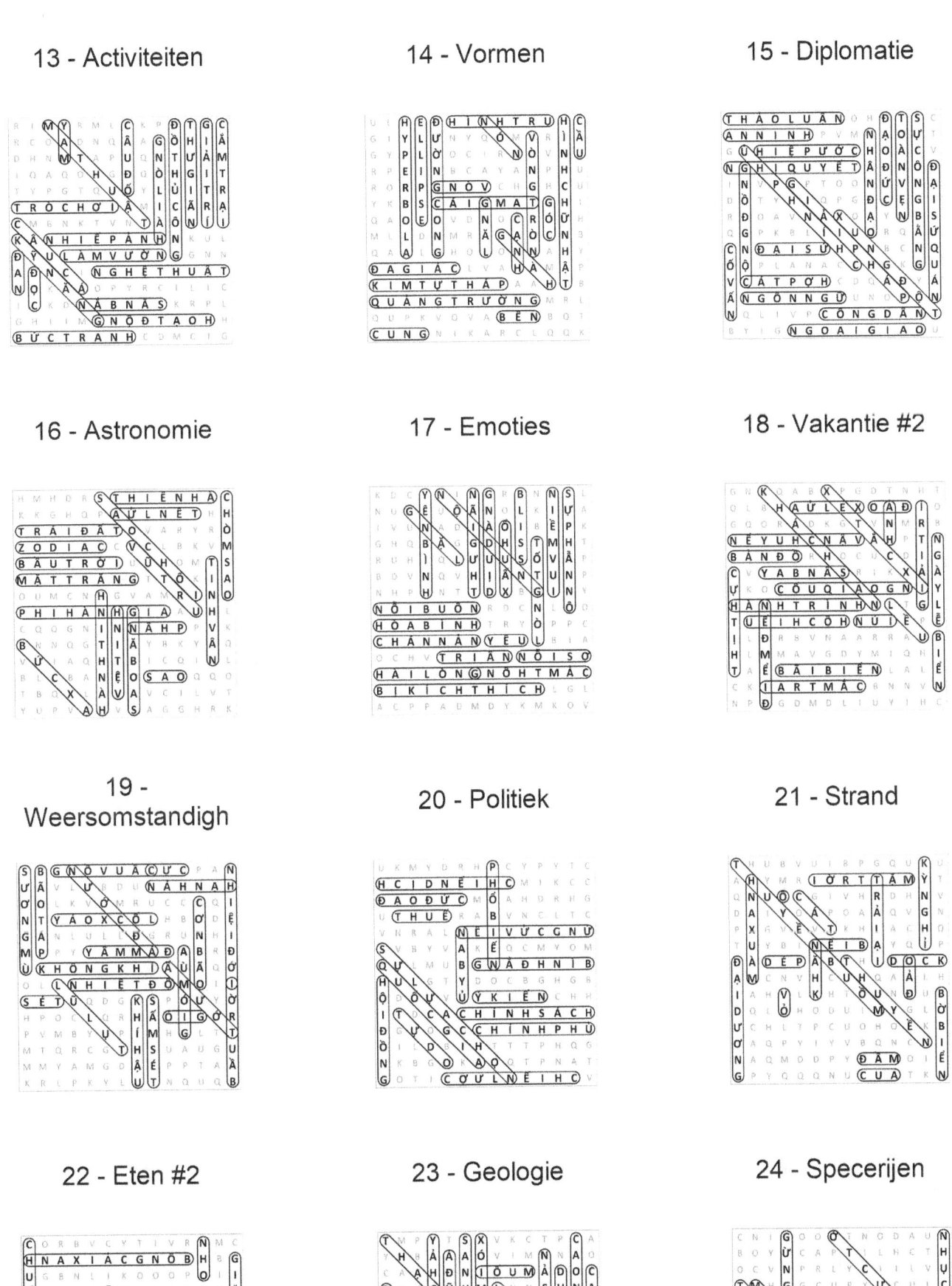

25 - Groenten

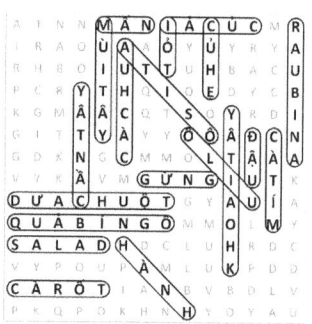

26 - Archeologie

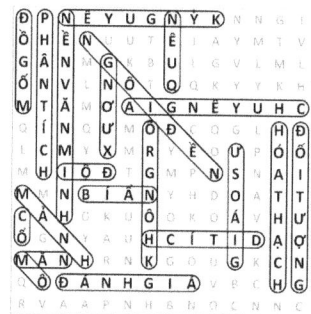

27 - Dans

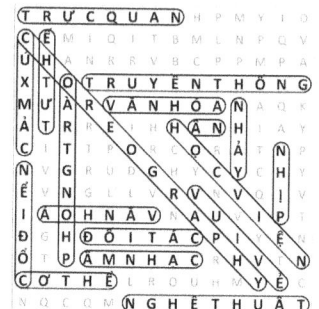

28 - Mythologie

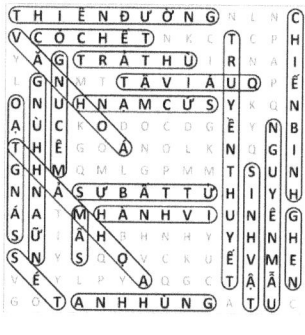

29 - Eten #1

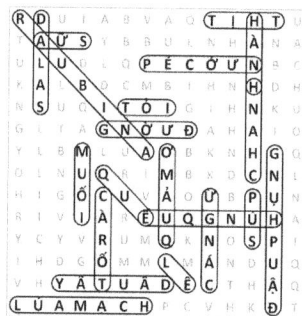

30 - Circus

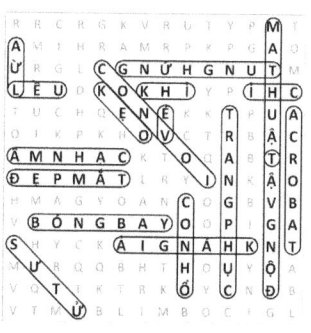

31 - Restaurant #2

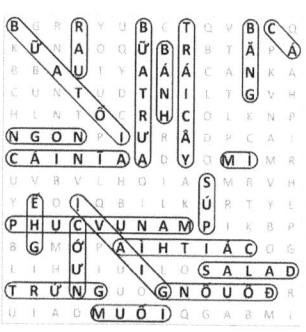

32 - De Media

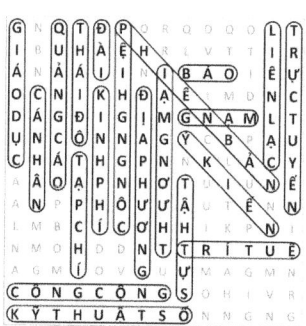

33 - Bijen

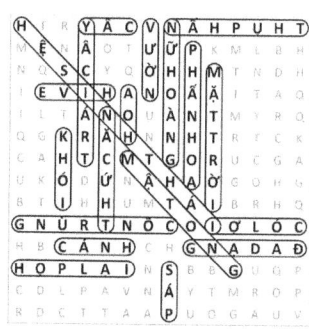

34 - Wandelen

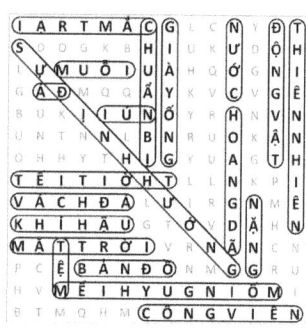

35 - Filantropie

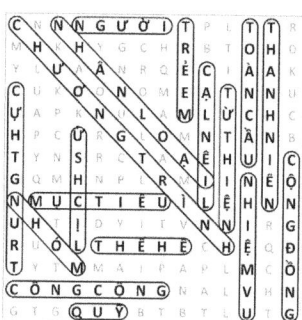

36 - Landen #1

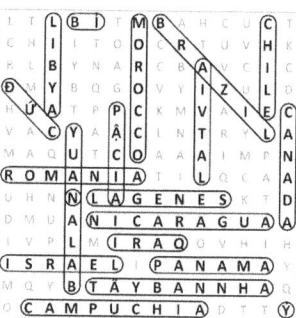

37 - Installaties

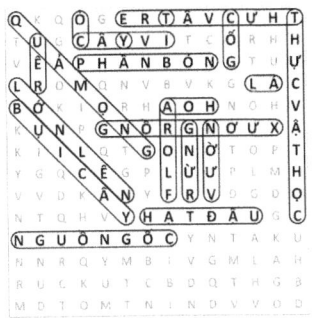

38 - Oceaan

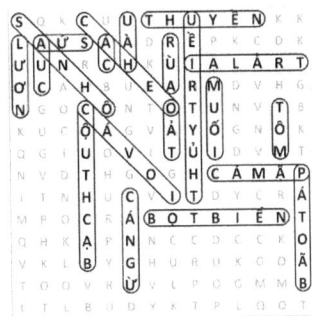

39 - Landen #2

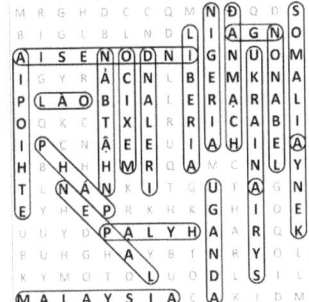

40 - Bloemen

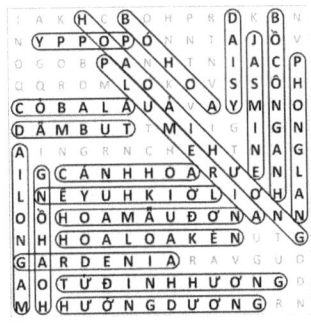

41 - Huisdieren

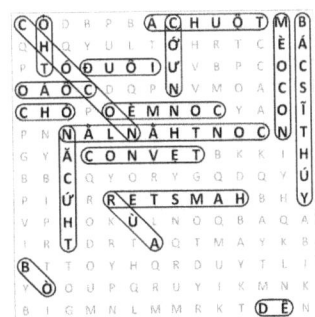

42 - Landschappen

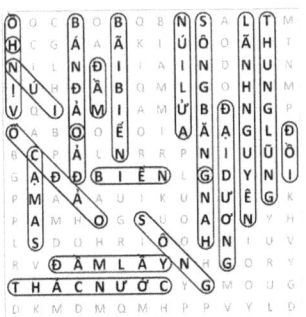

43 - Tuin

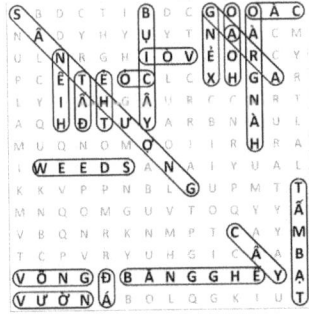

44 - Dagen en Maanden

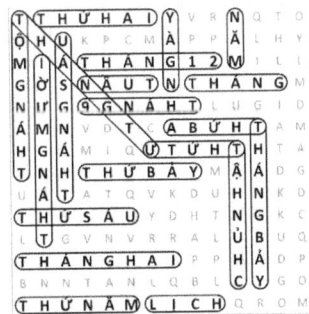

45 - Beeldende Kunsten

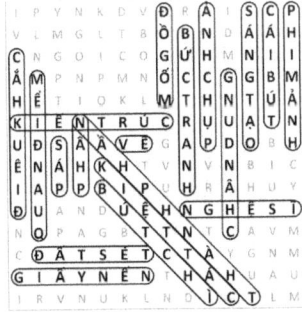

46 - Mode

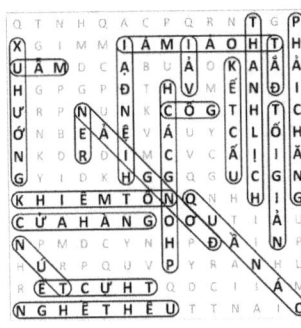

47 - Tuinieren

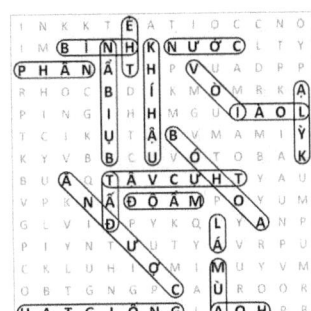

48 - Menselijk Lichaam

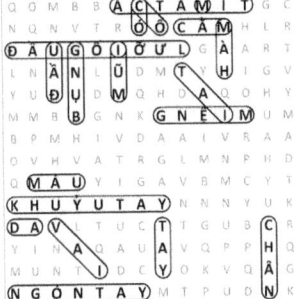

49 - Energie

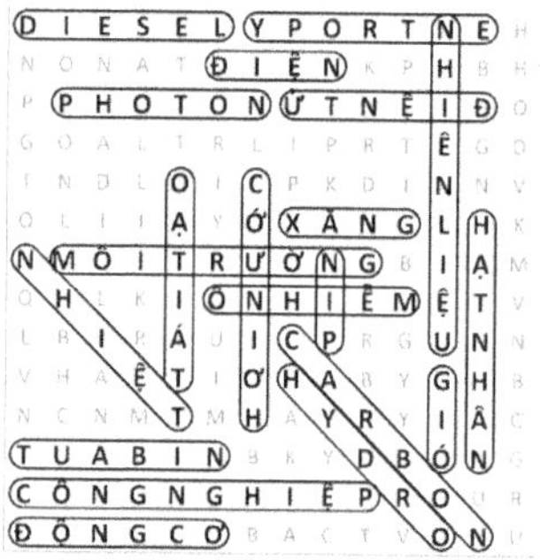

50 - Familie

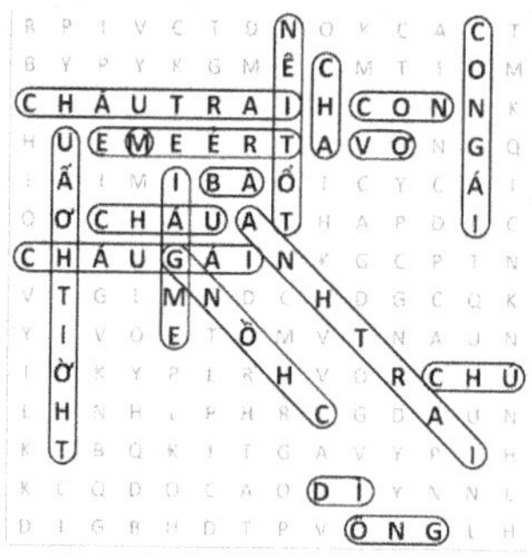

51 - Gebouwen

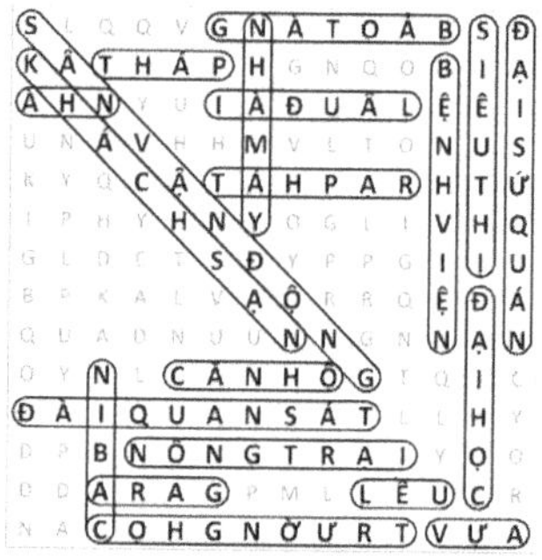

52 - Beroepen #1

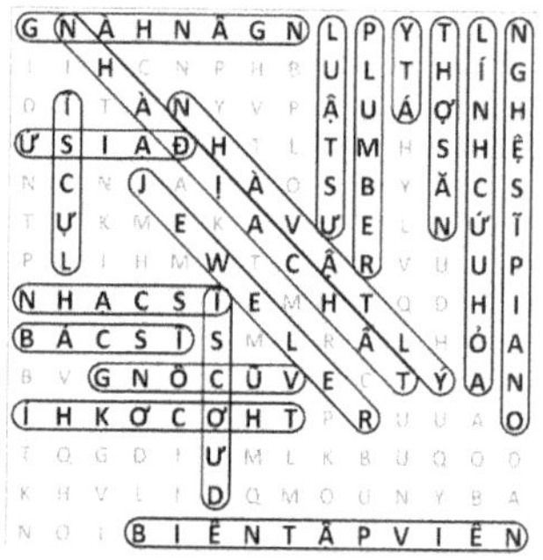

53 - Antarctica

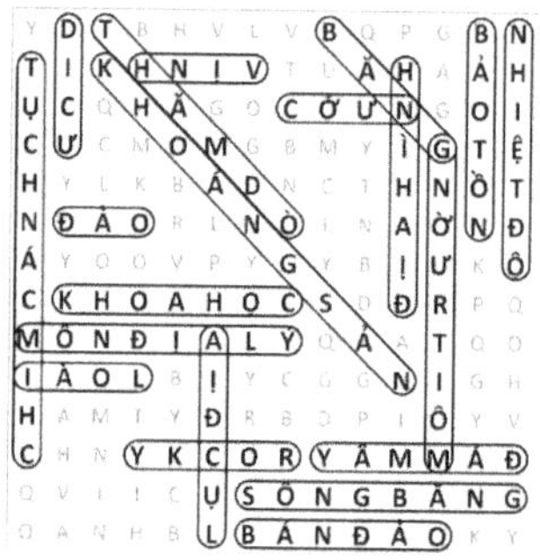

54 - Vissen

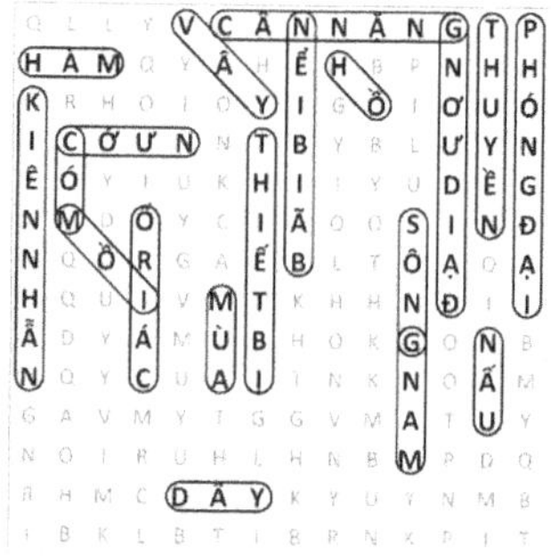

55 - Fruit

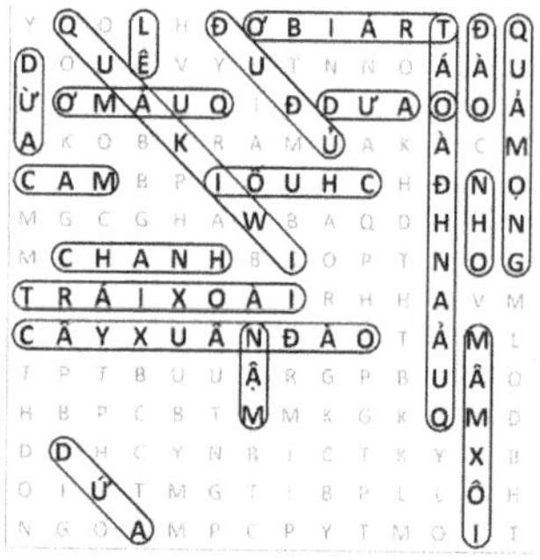

56 - Engineering

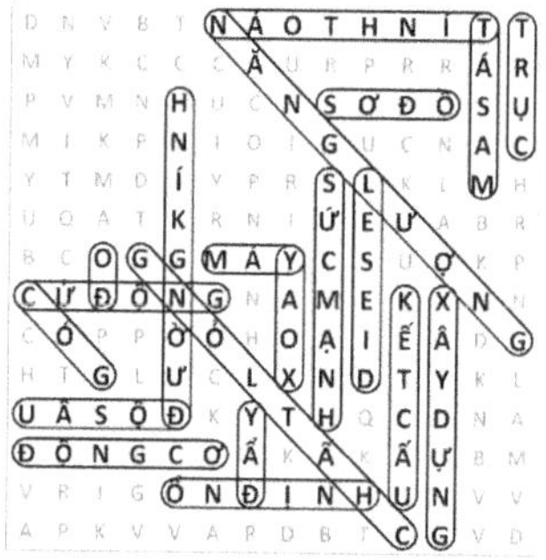

57 - Literatuur

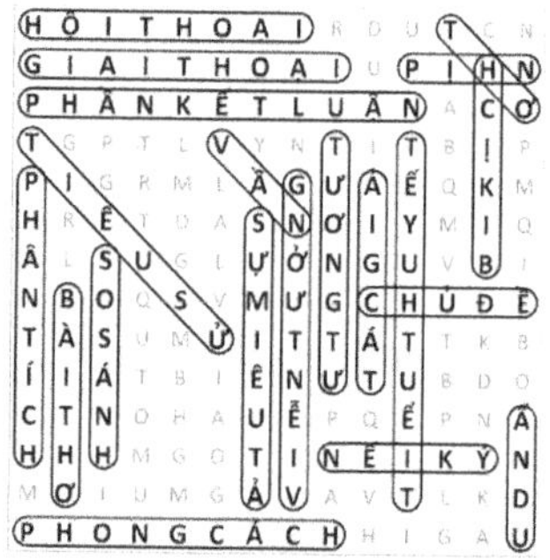

58 - Technologie

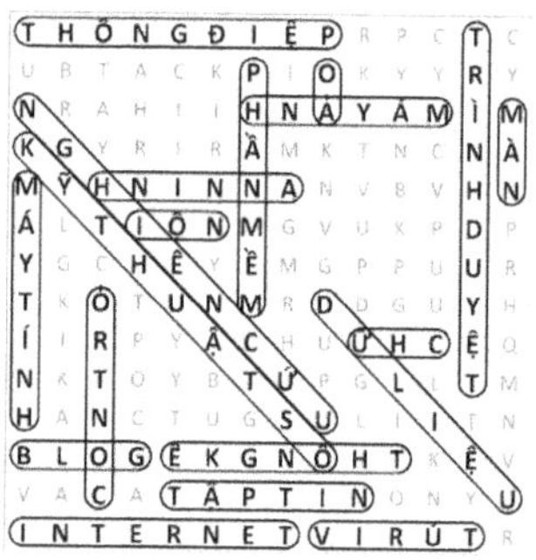

59 - Boeken

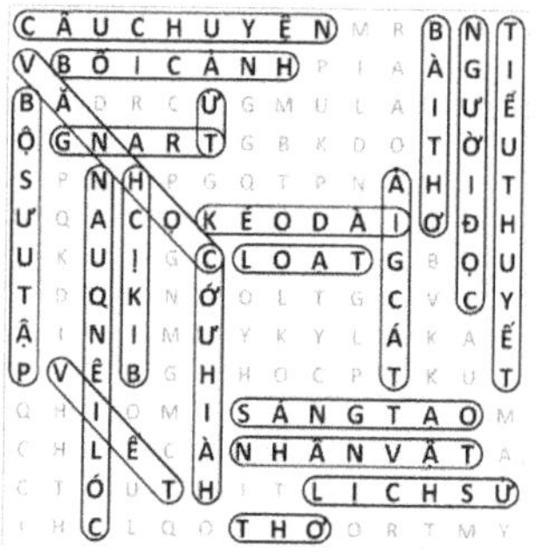

60 - Meer Informatie

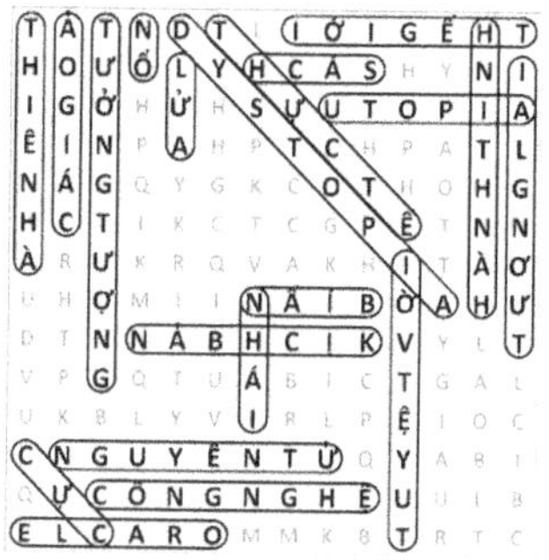

61 - Haartypes

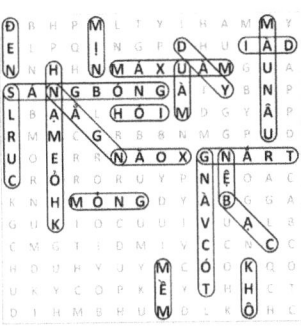

62 - Creativiteit

63 - Natuur

64 - Zoogdieren

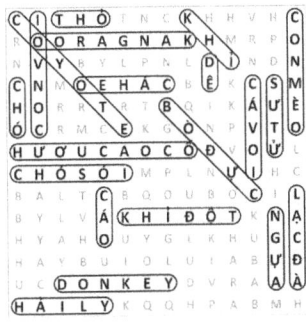

65 - Overheid

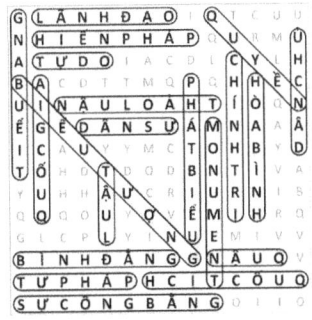

66 - Voertuigen

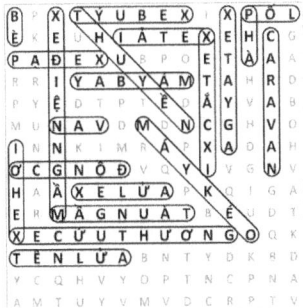

67 - Geografie

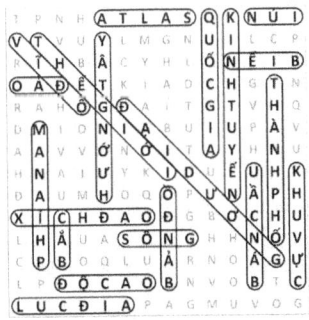

68 - Kunstbenodigdhe

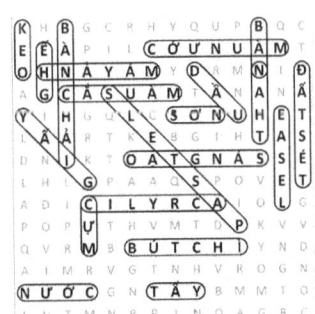

69 - Barbecues

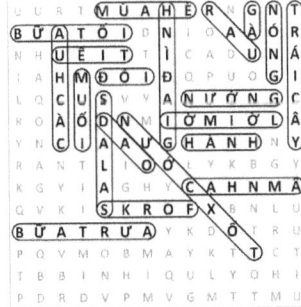

70 - Schoonheid

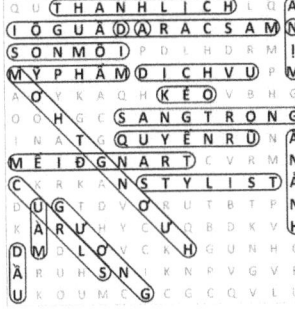

71 - Wetenschappelijk

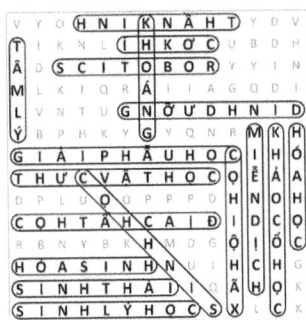

72 - Bijvoeglijke Naamwoorden

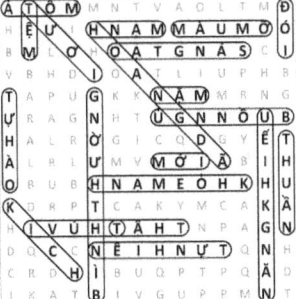

73 - Kleding

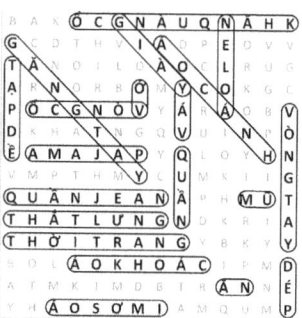

74 - Vliegtuigen

75 - Herbalisme

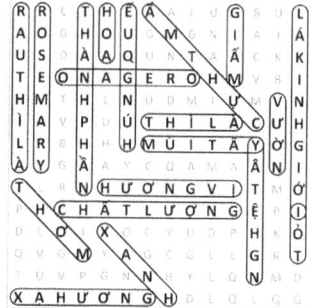

76 - Kracht en Zwaartekracht

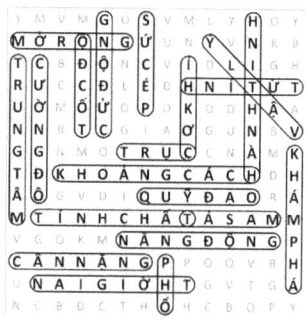

77 - Het Bedrijf

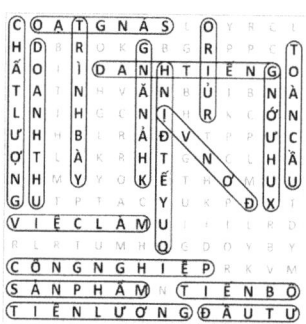

78 - Rijden

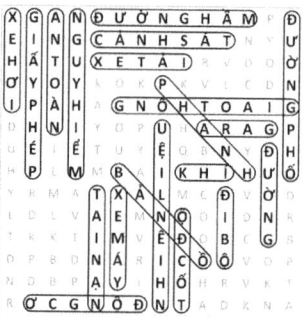

79 - Wetenschap

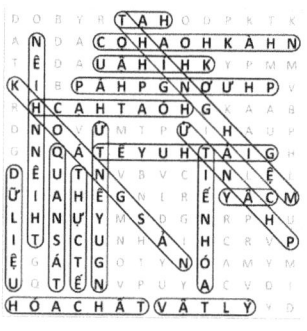

80 - Natuurkunde

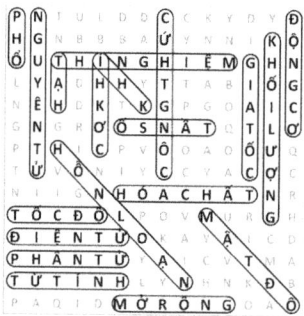

81 - Muziekinstrument

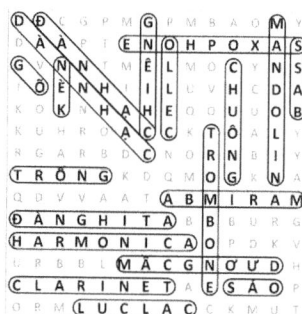

82 - Ethiek

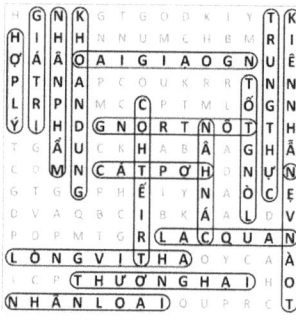

83 - Antiek

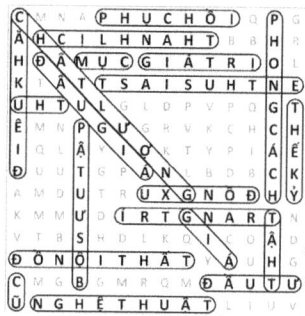

84 - Activiteiten en Vrije Ti

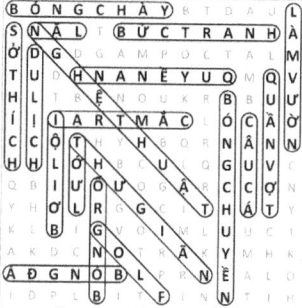

85 - Water
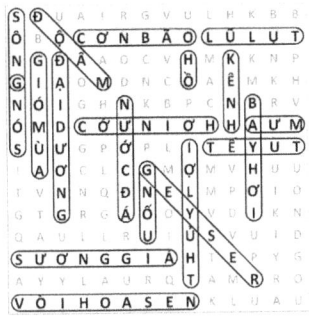

86 - Koffie
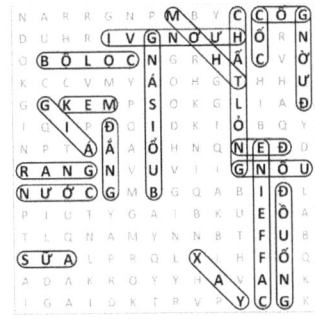

87 - Schaken
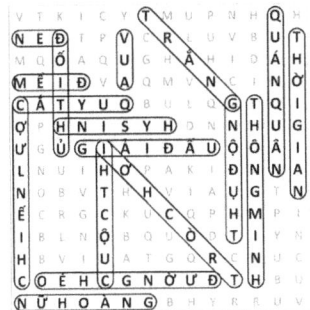

88 - Boerderij #1
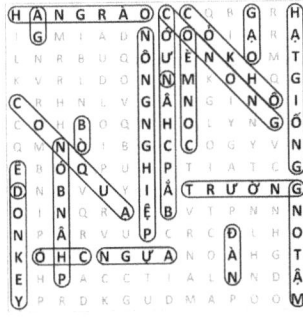

89 - Huis
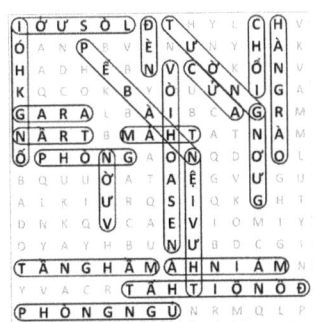

90 - Geometrie
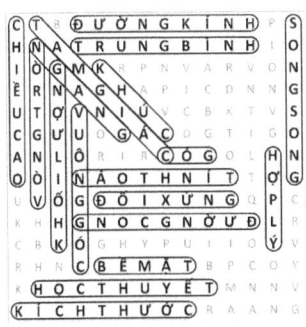

91 - Jazz
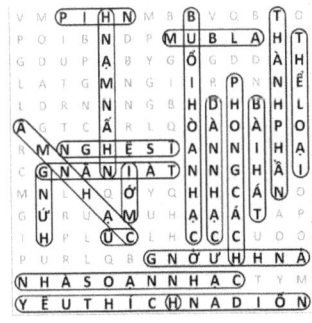

92 - Getallen
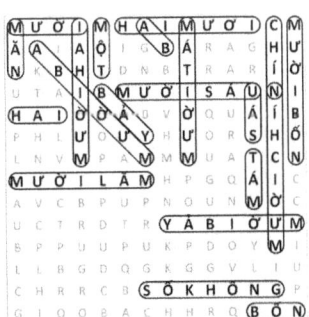

93 - Boksen
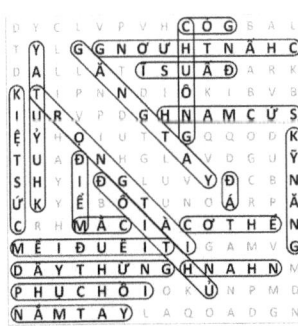

94 - Boerderij #2
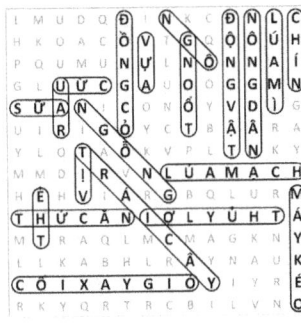

95 - Psychologie
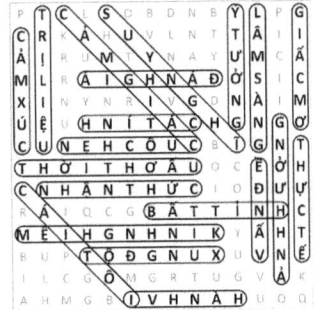

96 - Elektriciteit
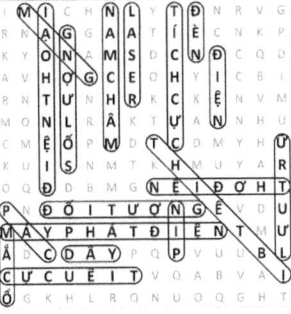

97 - Zakelijk

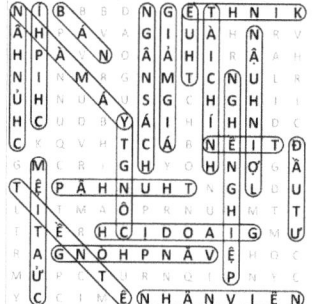

98 - Voeding

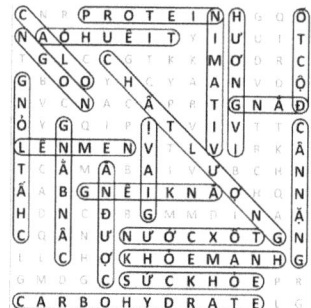

99 - Chemie

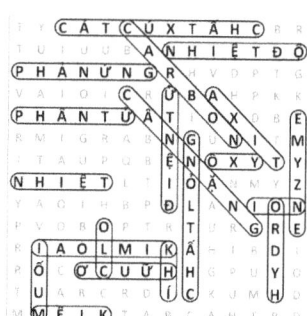

Woordenboek

Activiteiten
Các Hoạt Động

Activiteit	Hoạt Động
Ambachten	Đồ thủ Công
Breien	Đan
Fotografie	Nhiếp Ảnh
Games	Trò Chơi
Hengelsport	Câu Cá
Jacht	Săn Bắn
Kamperen	Cắm Trại
Kunst	Nghệ Thuật
Lezen	Đọc
Magie	Ma Thuật
Naaien	May
Ontspanning	Thư Giãn
Plezier	Hài Lòng
Puzzels	Câu Đố
Schilderij	Bức Tranh
Tuinieren	Làm Vườn
Vaardigheid	Kỹ Năng
Vrije Tijd	Giải Trí

Activiteiten en Vrije Ti
Và các Hoạt Động Giải Trí

Basketbal	Bóng Rổ
Boksen	Quyền Anh
Duiken	Lặn
Golf	Golf
Hengelsport	Câu Cá
Hobby	Sở Thích
Honkbal	Bóng Chày
Kamperen	Cắm Trại
Kunst	Nghệ Thuật
Ontspannen	Thư Giãn
Reis	Du Lịch
Schilderij	Bức Tranh
Surfen	Lướt
Tennis	Quần Vợt
Tuinieren	Làm Vườn
Voetbal	Bóng Đá
Volleybal	Bóng Chuyền
Zwemmen	Bơi Lội

Algebra
Đại số Học

Aftrekken	Phép Trừ
Diagram	Sơ Đồ
Exponent	Mũ
Factor	Tố
Formule	Công Thức
Fractie	Phân Số
Haakje	Ngoặc
Hoeveelheid	Số Lượng
Lineair	Tuyến Tính
Matrix	Ma Trận
Nul	Số Không
Oneindig	Vô Hạn
Oplossen	Giải Quyết
Oplossing	Giải Pháp
Probleem	Vấn Đề
Som	Tổng
Vals	Sai
Variabele	Biến
Vereenvoudigen	Đơn Giản Hóa
Vergelijking	Phương Trình

Antarctica
Nam Cực

Baai	Vịnh
Behoud	Bảo Tồn
Continent	Lục Địa
Eilanden	Đảo
Exploratie	Thăm Dò
Geografie	Môn địa Lý
Gletsjers	Sông Băng
Ijs	Băng
Migratie	Di Cư
Mineralen	Khoáng Sản
Omgeving	Môi Trường
Pinguïn	Chim Cánh Cụt
Rotsachtig	Rocky
Schiereiland	Bán Đảo
Soort	Loài
Temperatuur	Nhiệt Độ
Topografie	Địa Hình
Water	Nước
Wetenschappelijk	Khoa Học
Wolken	Đám Mây

Antiek
Đồ Cổ

Authentiek	Thật
Beeldhouwwerk	Điêu Khắc
Decoratief	Trang Trí
Eeuw	Thế Kỷ
Elegant	Thanh Lịch
Galerij	Bộ sưu Tập
Investering	Đầu Tư
Item	Mục
Kunst	Nghệ Thuật
Kwaliteit	Chất Lượng
Liefhebber	Enthusiast
Meubilair	Đồ nội Thất
Munten	Đồng Xu
Oud	Cũ
Prijs	Giá
Restauratie	Phục Hồi
Stijl	Phong Cách
Veiling	Đấu Giá
Verzamelaar	Thu
Waarde	Giá Trị

Archeologie
Khảo cổ Học

Aardewerk	Đồ Gốm
Analyse	Phân Tích
Beschaving	Nền văn Minh
Botten	Xương
Deskundige	Chuyên Gia
Evaluatie	Đánh Giá
Fossiel	Hóa Thạch
Fragmenten	Mảnh
Graf	Mộ
Jaren	Năm
Mysterie	Bí Ẩn
Objecten	Đối Tượng
Onbekend	Không Rõ
Oud	Cổ
Professor	Giáo Sư
Relikwie	Di Tích
Team	Đội
Tempel	Ngôi Đền
Tijdperk	Kỷ Nguyên
Vergeten	Quên

Astronomie
Thiên văn Học

Aarde	Trái Đất
Astronaut	Phi Hành Gia
Dierenriem	Zodiac
Equinox	Phân
Hemel	Bầu Trời
Komeet	Sao Chổi
Kosmos	Vũ Trụ
Maan	Mặt Trăng
Meteoor	Sao Băng
Nevel	Tinh Vân
Observatorium	Đài Quan Sát
Planeet	Hành Tinh
Raket	Tên Lửa
Satelliet	Vệ Tinh
Ster	Sao
Sterrenbeeld	Chòm Sao
Sterrenstelsel	Thiên Hà
Straling	Bức Xạ
Verduistering	Nhật Thực
Zwaartekracht	Trọng Lực

Barbecues
Ăn Thịt Nướng

Diner	Bữa Tối
Familie	Gia Đình
Fruit	Trái Cây
Grill	Nướng
Groente	Rau
Heet	Nóng
Honger	Đói
Kip	Gà
Lunch	Bữa Trưa
Messen	Dao
Muziek	Âm Nhạc
Peper	Tiêu
Salades	Salads
Saus	Nước Xốt
Tomaten	Cà Chua
Uien	Hành
Uitnodiging	Lời Mời
Vorken	Forks
Zomer	Mùa Hè
Zout	Muối

Beeldende Kunsten
Nghệ Thuật thị Giác

Aardewerk	Đồ Gốm
Architectuur	Kiến Trúc
Artiest	Nghệ Sĩ
Beeldhouwwerk	Điêu Khắc
Creativiteit	Sáng Tạo
Ezel	Vẽ
Film	Phim Ảnh
Foto	Ảnh Chụp
Klei	Đất Sét
Krijt	Phấn
Meesterwerk	Kiệt Tác
Pen	Cái Bút
Perspectief	Quan Điểm
Portret	Chân Dung
Potlood	Bút Chì
Samenstelling	Thành Phần
Schilderij	Bức Tranh
Stencil	Giấy Nến
Was	Sáp

Beroepen #1
Nghề Nghiệp số 1

Advocaat	Luật Sư
Ambassadeur	Đại Sứ
Apotheker	Dược Sĩ
Atleet	Lực Sĩ
Bankier	Ngân Hàng
Brandweerman	Lính cứu Hỏa
Danser	Vũ Công
Dierenarts	Bác sĩ thú Y
Dokter	Bác Sĩ
Editor	Biên tập Viên
Geoloog	Nhà địa Chất
Jager	Thợ Săn
Juwelier	Jeweler
Loodgieter	Plumber
Monteur	Thợ cơ Khí
Muzikant	Nhạc Sĩ
Natuurkundige	Nhà vật Lý
Pianist	Nghệ sĩ Piano
Verpleegster	Y Tá
Wetenschapper	Nhà Khoa Học

Bijen
Những con Ong

Bestuiver	Thụ Phấn
Bijenkorf	Hive
Bloemen	Hoa
Diversiteit	Đa Dạng
Ecosysteem	Hệ Sinh Thái
Fruit	Trái Cây
Honing	Mật Ong
Insect	Côn Trùng
Koningin	Nữ Hoàng
Planten	Cây
Rook	Khói
Stuifmeel	Phấn Hoa
Tuin	Vườn
Vleugels	Cánh
Voedsel	Thức Ăn
Voordelig	Có Lợi
Was	Sáp
Zon	Mặt Trời
Zwerm	Họp Lại

Bijvoeglijke Naamwoorden
Tính từ số 1

Aantrekkelijk	Hấp Dẫn
Absoluut	Tuyệt Đối
Actief	Hoạt Động
Ambitieus	Đầy Tham Vọng
Aromatisch	Thơm
Artistiek	Nghệ Thuật
Belangrijk	Quan Trọng
Diep	Sâu
Donker	Tối
Dun	Mỏng
Eerlijk	Trung Thực
Exotisch	Kỳ Lạ
Jong	Trẻ
Lang	Dài
Langzaam	Chậm
Modern	Hiện Đại
Onschuldig	Vô Tội
Perfect	Hoàn Hảo
Waardevol	Quý
Zwaar	Nặng

Bijvoeglijke Naamwoorden
Tính từ số 2

Authentiek	Thật
Begaafd	Năng Khiếu
Beschrijvend	Mô Tả
Creatief	Sáng Tạo
Dramatisch	Kịch
Gezond	Khỏe Mạnh
Hongerig	Đói
Interessant	Thú Vị
Moe	Mệt
Natuurlijk	Tự Nhiên
Nieuw	Mới
Normaal	Bình Thường
Productief	Màu Mỡ
Slaperig	Buồn Ngủ
Sterk	Mạnh
Trots	Tự Hào
Vers	Tươi
Wild	Hoang Dã
Zout	Mặn
Zuiver	Thuần

Bloemen
Những Bông Hoa

Bloemblad	Cánh Hoa
Boeket	Bó Hoa
Gardenia	Gardenia
Hibiscus	Dâm Bụt
Jasmijn	Jasmine
Klaver	Cỏ ba Lá
Lavendel	Hoa oải Hương
Lelie	Hoa loa Kèn
Lila	Tử Đinh Hương
Madeliefje	Daisy
Magnolia	Magnolia
Orchidee	Phong Lan
Paardebloem	Bồ Công Anh
Papaver	Poppy
Pioenroos	Hoa mẫu Đơn
Plumeria	Plumeria
Roos	Hoa Hồng
Tulp	Lời Khuyên
Zonnebloem	Hướng Dương

Boeken
Sách

Auteur	Tác Giả
Bladzijde	Trang
Collectie	Bộ sưu Tập
Context	Bối Cảnh
Dualiteit	Kéo Dài
Gedicht	Bài Thơ
Geschreven	Viết
Historisch	Lịch Sử
Humoristisch	Hài Hước
Inventief	Sáng Tạo
Karakter	Nhân Vật
Lezer	Người Đọc
Literair	Văn Học
Poëzie	Thơ
Relevant	Có Liên Quan
Roman	Tiểu Thuyết
Serie	Loạt
Tragisch	Bi Kịch
Verhaal	Câu Chuyện
Woorden	Từ

Boerderij #1
Trang Trại số 1

Bij	Con Ong
Ezel	Donkey
Geit	Dê
Hek	Hàng Rào
Hond	Chó
Honing	Mật Ong
Hooi	Cỏ Khô
Kalf	Bắp Chân
Kat	Con Mèo
Kip	Gà
Koe	Bò
Kraai	Con Quạ
Kudde	Đàn
Landbouw	Nông Nghiệp
Mest	Phân Bón
Paard	Ngựa
Rijst	Gạo
Veld	Trường
Water	Nước
Zaden	Hạt Giống

Boerderij #2
Trang Trại số 2

Bijenkorf	Tổ Ong
Boer	Nông Dân
Boomgaard	Thẻ
Dieren	Động Vật
Eend	Vịt
Fruit	Trái Cây
Ganzen	Ngỗng
Gerst	Lúa Mạch
Groente	Rau
Irrigatie	Thủy Lợi
Maïs	Ngô
Melk	Sữa
Rijp	Chín
Schaap	Cừu
Schuur	Vựa
Tarwe	Lúa Mì
Tractor	Máy Kéo
Voedsel	Thức Ăn
Weide	Đồng Cỏ
Windmolen	Cối xay Gió

Boksen
Quyền Anh

Elleboog	Khuỷu Tay
Focus	Tiêu Điểm
Handschoenen	Găng Tay
Herstel	Phục Hồi
Hoek	Góc
Kin	Cằm
Klok	Chuông
Kracht	Sức Mạnh
Lichaam	Cơ Thể
Punten	Điểm
Scheidsrechter	Trọng Tài
Schoppen	Đá
Snel	Nhanh
Tegenstander	Đối Thủ
Touwen	Dây Thừng
Uitgeput	Kiệt Sức
Vaardigheid	Kỹ Năng
Vechter	Đấu Sĩ
Verwondingen	Chấn Thương
Vuist	Nắm Tay

Boten
Thuyền

Anker	Neo
Bemanning	Phi Hành Đoàn
Boei	Phao
Dok	Dock
Golven	Sóng
Jacht	Du Thuyền
Kajak	Kayak
Kano	Xuồng
Maritiem	Hàng Hải
Mast	Cột Buồm
Meer	Hồ
Motor	Động Cơ
Nautisch	Hải Lý
Oceaan	Đại Dương
Rivier	Sông
Touw	Dây Thừng
Veerboot	Phà
Vlot	Bè
Zee	Biển
Zeilboot	Thuyền Buồm

Camping
Cắm Trại

Berg	Núi
Bomen	Cây
Bos	Rừng
Brand	Lửa
Cabine	Cabin
Dieren	Động Vật
Hangmat	Võng
Hoed	Mũ
Insect	Côn Trùng
Jacht	Săn Bắn
Kaart	Bản Đồ
Kano	Xuồng
Kompas	La Bàn
Lantaarn	Đèn Lồng
Maan	Mặt Trăng
Meer	Hồ
Natuur	Thiên Nhiên
Tent	Lều
Touw	Dây Thừng
Verhalen	Câu Chuyện

Chemie
Hóa Học

Alkalisch	Kiềm
Chloor	Clo
Elektron	Điện Tử
Enzym	Enzyme
Gas	Khí
Gewicht	Cân Nặng
Ion	Ion
Katalysator	Chất xúc Tác
Koolstof	Carbon
Metalen	Kim Loại
Molecuul	Phân Tử
Organisch	Hữu Cơ
Reactie	Phản Ứng
Temperatuur	Nhiệt Độ
Vloeistof	Chất Lỏng
Warmte	Nhiệt
Waterstof	Hydro
Zout	Muối
Zuur	Axit
Zuurstof	Ôxy

Chocolade
Sô-Cô-La

Antioxidant	Antioxidant
Aroma	Thơm
Bitter	Đắng
Cacao	Cacao
Calorieën	Calo
Exotisch	Kỳ Lạ
Favoriet	Yêu Thích
Heerlijk	Ngon
Ingrediënt	Thành Phần
Karamel	Caramel
Kokosnoot	Dừa
Kwaliteit	Chất Lượng
Pinda'S	Đậu Phộng
Poeder	Bột
Recept	Công Thức
Smaak	Vị
Snoep	Kẹo
Suiker	Đường
Zoet	Ngọt

Circus
Rạp Xiếc

Aap	Khỉ
Acrobaat	Acrobat
Ballonnen	Bóng Bay
Dieren	Động Vật
Jongleur	Tung Hứng
Kaartje	Vé
Kostuum	Trang Phục
Laat	Chỉ
Leeuw	Sư Tử
Magie	Ma Thuật
Muziek	Âm Nhạc
Olifant	Con Voi
Snoep	Kẹo
Spectaculair	Đẹp Mắt
Tent	Lều
Tijger	Con Hổ
Toeschouwer	Khán Giả
Truc	Lừa

Creativiteit
Sự Sáng Tạo

Artistiek	Nghệ Thuật
Beeld	Ảnh
Dramatisch	Kịch
Echtheid	Tính xác Thực
Emoties	Cảm Xúc
Gevoel	Cảm Giác
Helderheid	Rõ Ràng
Ideeën	Ý Tưởng
Indruk	Ấn Tượng
Inspiratie	Cảm Hứng
Intensiteit	Cường Độ
Intuïtie	Trực Giác
Inventief	Sáng Tạo
Spontaan	Tự Phát
Uitdrukking	Biểu Hiện
Vaardigheid	Kỹ Năng
Visioenen	Tầm Nhìn
Vitaliteit	Sức Sống
Vloeibaarheid	Lỏng

Dagen en Maanden
Ngày và Tháng

April	Tháng Tư
Augustus	Ngày
December	Tháng 12
Dinsdag	Thứ Ba
Donderdag	Thứ Năm
Februari	Tháng Hai
Jaar	Năm
Januari	Tháng Một
Juli	Tháng Bảy
Juni	Tháng Sáu
Kalender	Lịch
Maand	Tháng
Maandag	Thứ Hai
Oktober	Tháng Mười
September	Tháng 9
Vrijdag	Thứ Sáu
Week	Tuần
Woensdag	Thứ Tư
Zaterdag	Thứ Bảy
Zondag	Chủ Nhật

Dans
Nhảy

Academie	Học Viện
Beweging	Phong Trào
Blij	Vui Vẻ
Choreografie	Choreography
Cultureel	Văn Hóa
Cultuur	Văn Hoá
Emotie	Cảm Xúc
Genade	Ân
Houding	Tư Thế
Klassiek	Cổ Điển
Kunst	Nghệ Thuật
Lichaam	Cơ Thể
Muziek	Âm Nhạc
Partner	Đối Tác
Ritme	Nhịp
Springen	Nhảy
Traditioneel	Truyền Thống
Visueel	Trực Quan

De Media
Các Phương Tiện Truyền T

Advertenties	Quảng Cáo
Commercieel	Thương Mại
Communicatie	Liên Lạc
Digitaal	Kỹ Thuật Số
Editie	Phiên Bản
Feiten	Sự Thật
Financiering	Kinh Phí
Houding	Thái Độ
Individueel	Cá Nhân
Industrie	Công Nghiệp
Intellectueel	Trí Tuệ
Kranten	Báo
Lokaal	Địa Phương
Mening	Ý Kiến
Netwerk	Mạng
Onderwijs	Giáo Dục
Online	Trực Tuyến
Publiek	Công Cộng
Radio	Đài
Tijdschriften	Tạp Chí

Diplomatie
Ngoại Giao

Adviseur	Cố Vấn
Ambassade	Đại sứ Quán
Ambassadeur	Đại Sứ
Burgers	Công Dân
Conflict	Xung Đột
Diplomatiek	Ngoại Giao
Discussie	Thảo Luận
Ethiek	Đạo Đức
Gemeenschap	Cộng Đồng
Gerechtigheid	Sự Công Bằng
Humanitair	Nhân Đạo
Integriteit	Toàn Vẹn
Oplossing	Giải Pháp
Politiek	Chính Trị
Regering	Chính Phủ
Resolutie	Nghị Quyết
Samenwerking	Hợp Tác
Talen	Ngôn Ngữ
Veiligheid	An Ninh
Verdrag	Hiệp Ước

Elektriciteit
Điện

Accu	Pin
Apparatuur	Thiết Bị
Draden	Dây
Elektricien	Thợ Điện
Elektrisch	Điện
Generator	Máy Phát Điện
Hoeveelheid	Số Lượng
Kabel	Cáp
Lamp	Đèn
Laser	Laser
Magneet	Nam Châm
Negatief	Tiêu Cực
Netwerk	Mạng
Objecten	Đối Tượng
Opslag	Lưu Trữ
Positief	Tích Cực
Stopcontact	Ổ Cắm
Telefoon	Điện Thoại

Emoties
Những cảm Xúc

Angst	Nỗi Sợ
Beschaamd	Xấu Hổ
Dankbaar	Tri Ân
Droefheid	Nỗi Buồn
Gelukzaligheid	Bliss
Inhoud	Nội Dung
Kalm	Lặng
Liefde	Yêu
Ontspannen	Thư Giãn
Opgewonden	Bị Kích Thích
Rust	Yên Bình
Sympathie	Cảm Thông
Tederheid	Dịu Dàng
Tevreden	Hài Lòng
Verveling	Chán Nản
Vrede	Hòa Bình
Vreugde	Niềm Vui
Vriendelijkheid	Lòng Tốt
Woede	Sự Phẫn Nộ

Energie
Năng Lượng

Accu	Pin
Benzine	Xăng
Brandstof	Nhiên Liệu
Diesel	Diesel
Elektrisch	Điện
Elektron	Điện Tử
Entropie	Entropy
Foton	Photon
Hernieuwbaar	Tái Tạo
Industrie	Công Nghiệp
Koolstof	Carbon
Motor	Động Cơ
Nucleair	Hạt Nhân
Omgeving	Môi Trường
Stoom	Hơi Nước
Turbine	Tua-Bin
Vervuiling	Ô Nhiễm
Warmte	Nhiệt
Waterstof	Hydro
Wind	Gió

Engineering
Kỹ Thuật

As	Trục
Berekening	Tính Toán
Beweging	Cử Động
Bouw	Xây Dựng
Diagram	Sơ Đồ
Diameter	Đường Kính
Diepte	Độ Sâu
Diesel	Diesel
Energie	Năng Lượng
Hoek	Góc
Kracht	Sức Mạnh
Machine	Máy
Meting	Đo
Motor	Động Cơ
Rotatie	Xoay
Stabiliteit	Ổn Định
Structuur	Kết Cấu
Vloeistof	Chất Lỏng
Voortstuwing	Đẩy
Wrijving	Ma Sát

Eten #1
Thực Phẩm #1

Aardbei	Dâu Tây
Abrikoos	Quả Mơ
Basilicum	Húng Quế
Citroen	Chanh
Gerst	Lúa Mạch
Kaneel	Quế
Knoflook	Tỏi
Melk	Sữa
Peer	Lê
Pinda	Đậu Phụng
Salade	Salad
Sap	Nước Ép
Soep	Súp
Spinazie	Rau Bina
Suiker	Đường
Tonijn	Cá Ngừ
Ui	Hành
Vlees	Thịt
Wortel	Cà Rốt
Zout	Muối

Eten #2
Thực Phẩm #2

Amandel	Hạnh Nhân
Ananas	Dứa
Appel	Táo
Asperge	Măng Tây
Aubergine	Cà Tím
Banaan	Chuối
Broccoli	Bông cải Xanh
Brood	Bánh Mì
Druif	Nho
Ei	Trứng
Ham	Giăm Bông
Kaas	Phô Mai
Kip	Gà
Kiwi	Quả Kiwi
Perzik	Đào
Rijst	Gạo
Tarwe	Lúa Mì
Tomaat	Cà Chua
Vis	Cá
Yoghurt	Sữa Chua

Ethiek
Đạo Đức

Altruïsme	Lòng vị Tha
Diplomatiek	Ngoại Giao
Eerbiedig	Tôn Trọng
Eerlijkheid	Trung Thực
Filosofie	Triết Học
Geduld	Kiên Nhẫn
Individualisme	Cá Nhân
Integriteit	Toàn Vẹn
Mededogen	Thương Hại
Mensheid	Nhân Loại
Optimisme	Lạc Quan
Redelijk	Hợp Lý
Samenwerking	Hợp Tác
Tolerantie	Khoan Dung
Vriendelijkheid	Lòng Tốt
Waarden	Giá Trị
Waardigheid	Nhân Phẩm
Wijsheid	Sự Khôn Ngoan

Familie
Gia Đình

Broer	Anh Trai
Dochter	Con Gái
Grootmoeder	Bà
Jeugd	Thời thơ Ấu
Kind	Con
Kinderen	Trẻ Em
Kleinzoon	Cháu Trai
Man	Chồng
Moeder	Mẹ
Neef	Cháu
Nicht	Cháu Gái
Oom	Chú
Opa	Ông
Tante	Dì
Vader	Cha
Voorouder	Tổ Tiên
Vrouw	Vợ
Zus	Em Gái

Filantropie
Hoạt Động từ Thiện

Contact	Liên Lạc
Doelen	Mục Tiêu
Eerlijkheid	Trung Thực
Financiën	Tài Chính
Fondsen	Quỹ
Gemeenschap	Cộng Đồng
Geschiedenis	Lịch Sử
Globaal	Toàn Cầu
Groepen	Nhóm
Jeugd	Thanh Niên
Kinderen	Trẻ Em
Liefdadigheid	Từ Thiện
Mensen	Người
Mensheid	Nhân Loại
Missie	Nhiệm Vụ
Programma'S	Chương Trình
Publiek	Công Cộng
Vrijgevigheid	Thế Hệ

Fruit
Trái Cây

Abrikoos	Quả Mơ
Ananas	Dứa
Appel	Táo
Avocado	Trái Bơ
Banaan	Chuối
Bes	Quả Mọng
Citroen	Chanh
Druif	Nho
Framboos	Mâm Xôi
Kers	Quả anh Đào
Kiwi	Quả Kiwi
Kokosnoot	Dừa
Mango	Trái Xoài
Meloen	Dưa
Nectarine	Cây Xuân Đào
Oranje	Cam
Papaja	Đu Đủ
Peer	Lê
Perzik	Đào
Pruim	Mận

Gebouwen
Các tòa Nhà

Ambassade	Đại sứ Quán
Appartement	Căn Hộ
Boerderij	Nông Trại
Cabine	Cabin
Fabriek	Nhà Máy
Garage	Ga-Ra
Hotel	Khách Sạn
Huis	Nhà
Kasteel	Lâu Đài
Museum	Bảo Tàng
Observatorium	Đài Quan Sát
School	Trường Học
Schuur	Vựa
Stadion	Sân vận Động
Supermarkt	Siêu Thị
Tent	Lều
Theater	Rạp Hát
Toren	Tháp
Universiteit	Đại Học
Ziekenhuis	Bệnh Viện

Geografie
Môn địa Lý

Atlas	Atlas
Berg	Núi
Breedtegraad	Vĩ Độ
Continent	Lục Địa
Eiland	Đào
Evenaar	Xích Đạo
Halfrond	Bán Cầu
Hoogte	Độ Cao
Kaart	Bản Đồ
Land	Quốc Gia
Meridiaan	Kinh Tuyến
Noorden	Bắc
Oceaan	Đại Dương
Regio	Khu Vực
Rivier	Sông
Stad	Thành Phố
Wereld	Thế Giới
Westen	Hướng Tây
Zee	Biển
Zuiden	Phía Nam

Geologie
Địa Chất Học

Aardbeving	Động Đất
Calcium	Calcium
Continent	Lục Địa
Erosie	Xói Mòn
Fossiel	Hóa Thạch
Gesmolten	Nóng Chảy
Grot	Hang Động
Koraal	San Hô
Kristallen	Tinh Thể
Kwarts	Thạch Anh
Laag	Lớp
Lava	Dung Nham
Mineralen	Khoáng Sản
Plateau	Cao Nguyên
Stalactiet	Nhũ Đá
Steen	Đá
Vulkaan	Núi Lửa
Zone	Vùng
Zout	Muối
Zuur	Axit

Geometrie
Hình Học

Berekening	Tính Toán
Cirkel	Vòng Tròn
Curve	Đường Cong
Diameter	Đường Kính
Dimensie	Kích Thước
Driehoek	Tam Giác
Hoek	Góc
Hoogte	Chiều Cao
Horizontaal	Ngang
Logica	Hợp Lý
Loodrecht	Vuông Góc
Massa	Khối Lượng
Mediaan	Trung Bình
Oppervlak	Bề Mặt
Parallel	Song Song
Segment	Khúc
Symmetrie	Đối Xứng
Theorie	Học Thuyết
Vergelijking	Phương Trình
Verticaal	Thẳng Đứng

Getallen
Con Số

Acht	Tám
Achttien	Mười Tám
Dertien	Mười Ba
Drie	Ba
Een	Một
Negen	Chín
Negentien	Mười Chín
Nul	Số Không
Tien	Mười
Twaalf	Mười Hai
Twee	Hai
Twintig	Hai Mươi
Veertien	Mười Bốn
Vier	Bốn
Vijf	Năm
Vijftien	Mười Lăm
Zes	Sáu
Zestien	Mười Sáu
Zeven	Bảy
Zeventien	Mười Bảy

Gezondheid en Welzijn #1
Sức Khỏe và sức Khỏe # 1

Actief	Hoạt Động
Apotheek	Tiệm Thuốc
Bacteriën	Vi Khuẩn
Behandeling	Điều Trị
Breuk	Gãy Xương
Dokter	Bác Sĩ
Gewoonte	Thói Quen
Honger	Đói
Hoogte	Chiều Cao
Hormonen	Kích Thích Tố
Houding	Tư Thế
Huid	Da
Letsel	Chấn Thương
Medicijn	Thuốc
Ontspanning	Thư Giãn
Reflex	Phản Xạ
Spieren	Cơ Bắp
Therapie	Trị Liệu
Virus	Vi Rút
Zenuwen	Dây Thần Kinh

Gezondheid en Welzijn #2
Sức Khỏe và sức Khỏe # 2

Allergie	Dị Ứng
Anatomie	Giải Phẫu Học
Bloed	Máu
Calorie	Calo
Dieet	Ăn Kiêng
Energie	Năng Lượng
Genetica	Di Truyền
Gewicht	Cân Nặng
Gezond	Khỏe Mạnh
Herstel	Phục Hồi
Hygiëne	Vệ Sinh
Infectie	Nhiễm Trùng
Lichaam	Cơ Thể
Massage	Xoa Bóp
Spijsvertering	Tiêu Hóa
Stress	Căng Thẳng
Vitamine	Vitamin
Voeding	Dinh Dưỡng
Ziekenhuis	Bệnh Viện
Ziekte	Bệnh

Groenten
Rau Củ

Aardappel	Khoai Tây
Artisjok	Atisô
Aubergine	Cà Tím
Broccoli	Bông cải Xanh
Erwt	Đậu
Gember	Gừng
Knoflook	Tỏi
Komkommer	Dưa Chuột
Olijf	Ô Liu
Paddestoel	Nấm
Peterselie	Mùi Tây
Pompoen	Quả bí Ngô
Radijs	Củ Cải
Salade	Salad
Selderij	Cần Tây
Sjalot	Củ Hẹ
Spinazie	Rau Bina
Tomaat	Cà Chua
Ui	Hành
Wortel	Cà Rốt

Haartypes
Các Loại Tóc

Blond	Tóc Vàng
Bruin	Màu Nâu
Dik	Dày
Droog	Khô
Dun	Mỏng
Gekleurd	Màu
Gevlochten	Bện
Gezond	Khỏe Mạnh
Glad	Mịn
Glimmend	Sáng Bóng
Grijs	Màu Xám
Kaal	Hói
Kort	Ngắn
Krullen	Curls
Krullend	Xoăn
Lang	Dài
Wit	Trắng
Zacht	Mềm
Zilver	Bạc
Zwart	Đen

Herbalisme
Chủ Nghĩa Thảo Dược

Aromatisch	Thơm
Basilicum	Húng Quế
Bloem	Hoa
Culinair	Ẩm Thực
Dille	Rau thì Là
Dragon	Giấm
Groen	Xanh
Ingrediënt	Thành Phần
Knoflook	Tỏi
Kwaliteit	Chất Lượng
Lavendel	Hoa oải Hương
Marjolein	Lá Kinh Giới
Oregano	Oregano
Peterselie	Mùi Tây
Rozemarijn	Rosemary
Saffraan	Nghệ Tây
Smaak	Hương Vị
Tijm	Xạ Hương
Tuin	Vườn
Venkel	Thì Là

Het Bedrijf
Các Công Ty

Beslissing	Quyết Định
Creatief	Sáng Tạo
Eenheden	Đơn Vị
Globaal	Toàn Cầu
Industrie	Công Nghiệp
Inkomsten	Doanh Thu
Investering	Đầu Tư
Kwaliteit	Chất Lượng
Loon	Tiền Lương
Mogelijkheid	Khả Năng
Presentatie	Trình Bày
Product	Sản Phẩm
Professioneel	Chuyên Nghiệp
Reputatie	Danh Tiếng
Risico'S	Rủi Ro
Trends	Xu Hướng
Vooruitgang	Tiến Bộ
Werkgelegenheid	Việc Làm
Zaak	Kinh Doanh

Huis
Nhà Ở

Bezem	Chổi
Bibliotheek	Thư Viện
Dak	Mái Nhà
Deur	Cửa
Douche	Vòi hoa Sen
Garage	Ga-Ra
Haard	Lò Sưởi
Hek	Hàng Rào
Kamer	Phòng
Kelder	Tầng Hầm
Keuken	Nhà Bếp
Lamp	Đèn
Meubilair	Đồ nội Thất
Muur	Tường
Plafond	Trần
Schoorsteen	Ống Khói
Slaapkamer	Phòng Ngủ
Spiegel	Gương
Tapijt	Thảm
Tuin	Vườn

Huisdieren
Thú Cưng

Dierenarts	Bác sĩ thú Y
Geit	Dê
Hagedis	Con Thần Lằn
Hamster	Hamster
Hond	Chó
Kat	Con Mèo
Katje	Mèo Con
Koe	Bò
Konijn	Thỏ
Kraag	Cổ Áo
Muis	Chuột
Papegaai	Con Vẹt
Puppy	Chó Con
Schildpad	Rùa
Staart	Đuôi
Vis	Cá
Voedsel	Thức Ăn
Water	Nước

Installaties
Cây

Bamboe	Tre
Bes	Quả Mọng
Bloem	Hoa
Boom	Cây
Boon	Hạt Đậu
Bos	Rừng
Cactus	Xương Rồng
Flora	Flora
Gebladerte	Lá
Gras	Cỏ
Groeien	Lớn Lên
Klimop	Ivy
Mest	Phân Bón
Mos	Rêu
Plantkunde	Thực vật Học
Stengel	Gốc
Struik	Bụi Cây
Tuin	Vườn
Vegetatie	Thực Vật
Wortel	Nguồn Gốc

Jazz
Nhạc Jazz

Album	Album
Artiest	Nghệ Sĩ
Beroemd	Nổi Danh
Componist	Nhà Soạn Nhạc
Concert	Buổi hòa Nhạc
Favorieten	Yêu Thích
Genre	Thể Loại
Improvisatie	Hứng
Invloed	Ảnh Hưởng
Lied	Bài Hát
Muziek	Âm Nhạc
Nadruk	Nhấn Mạnh
Nieuw	Mới
Orkest	Dàn Nhạc
Oud	Cũ
Ritme	Nhịp
Samenstelling	Thành Phần
Stijl	Phong Cách
Talent	Tài Năng
Techniek	Kỹ Thuật

Kleding
Quần Áo

Armband	Vòng Tay
Blouse	Áo Cánh
Broek	Quần
Handschoenen	Găng Tay
Hoed	Mũ
Jasje	Áo Khoác
Jeans	Quần Jean
Jurk	Ăn
Ketting	Vòng Cổ
Mode	Thời Trang
Pyjama	Pajama
Riem	Thắt Lưng
Rok	Váy
Sandalen	Dép
Schoen	Giày
Schort	Tạp Dề
Shirt	Áo sơ Mi
Sjaal	Khăn Quàng Cổ
Sokken	Vớ
Trui	Áo Len

Koffie
Cà Phê

Aroma	Thơm
Beker	Cốc
Bitter	Đắng
Cafeïne	Caffeine
Drank	Đồ Uống
Drinken	Uống
Filter	Bộ Lọc
Geroosterd	Rang
Malen	Xay
Melk	Sữa
Ochtend	Buổi Sáng
Oorsprong	Gốc
Prijs	Giá
Room	Kem
Smaak	Hương Vị
Suiker	Đường
Vloeistof	Chất Lỏng
Water	Nước
Zwart	Đen

Kracht en Zwaartekracht
Lực Lượng và Trọng Lực

Afstand	Khoảng Cách
As	Trục
Baan	Quỹ Đạo
Beweging	Cử Động
Centrum	Trung Tâm
Druk	Sức Ép
Dynamisch	Năng Động
Eigendommen	Tính Chất
Gewicht	Cân Nặng
Magnetisme	Từ Tính
Mechanica	Cơ Khí
Natuurkunde	Vật Lý
Omvang	Cường Độ
Ontdekking	Khám Phá
Planeten	Hành Tinh
Snelheid	Tốc Độ
Tijd	Thời Gian
Uitbreiding	Mở Rộng
Universeel	Phổ
Wrijving	Ma Sát

Kunstbenodigdheden
Đồ Dùng Nghệ Thuật

Acryl	Acrylic
Aquarellen	Màu Nước
Borstels	Bàn Chải
Camera	Máy Ảnh
Creativiteit	Sáng Tạo
Ezel	Easel
Gom	Tẩy
Houtskool	Than
Inkt	Mực
Klei	Đất Sét
Kleuren	Màu Sắc
Lijm	Keo
Olie	Dầu
Papier	Giấy
Pastel	Pastels
Potloden	Bút Chì
Stoel	Ghế
Tafel	Bàn
Verf	Sơn
Water	Nước

Landen #1
Quốc gia số 1

België	Bỉ
Brazilië	Brazil
Cambodja	Campuchia
Canada	Canada
Chili	Chile
Duitsland	Đức
Egypte	Ai Cập
Irak	Iraq
Israël	Israel
Italië	Ý
Letland	Latvia
Libië	Libya
Marokko	Morocco
Nicaragua	Nicaragua
Noorwegen	Na Uy
Panama	Panama
Polen	Ba Lan
Roemenië	Romania
Senegal	Senegal
Spanje	Tây ban Nha

Landen #2
Quốc gia # 2

Denemarken	Đan Mạch
Ethiopië	Ethiopia
Frankrijk	Pháp
Griekenland	Hy Lạp
Ierland	Ireland
Indonesië	Indonesia
Japan	Nhật Bản
Kenia	Kenya
Laos	Lào
Libanon	Lebanon
Liberia	Liberia
Maleisië	Malaysia
Mexico	Mexico
Nepal	Nepal
Nigeria	Nigeria
Oeganda	Uganda
Oekraïne	Ukraina
Rusland	Nga
Somalië	Somalia
Syrië	Syria

Landschappen
Phong Cảnh

Berg	Núi
Eiland	Đảo
Gletsjer	Sông Băng
Golf	Vịnh
Grot	Hang
Heuvel	Đồi
Lagune	Đầm
Meer	Hồ
Moeras	Đầm Lầy
Oase	Ốc Đảo
Oceaan	Đại Dương
Rivier	Sông
Schiereiland	Bán Đảo
Strand	Bãi Biển
Toendra	Lãnh Nguyên
Vallei	Thung Lũng
Vulkaan	Núi Lửa
Waterval	Thác Nước
Woestijn	Sa Mạc
Zee	Biển

Literatuur
Văn Học

Analogie	Tương Tự
Analyse	Phân Tích
Anekdote	Giai Thoại
Auteur	Tác Giả
Biografie	Tiểu Sử
Conclusie	Phần kết Luận
Dialoog	Hội Thoại
Fictie	Viễn Tưởng
Gedicht	Bài Thơ
Mening	Ý Kiến
Metafoor	Ẩn Dụ
Omschrijving	Sự Miêu Tả
Poëtisch	Thơ
Rijm	Vần
Ritme	Nhịp
Roman	Tiểu Thuyết
Stijl	Phong Cách
Thema	Chủ Đề
Tragedie	Bi Kịch
Vergelijking	So Sánh

Meditatie
Thiền

Aandacht	Chú Ý
Aanvaarding	Chấp Nhận
Ademhaling	Thở
Beweging	Phong Trào
Dankbaarheid	Lòng Biết Ơn
Emoties	Cảm Xúc
Gedachten	Suy Nghĩ
Geluk	Hạnh Phúc
Helderheid	Rõ Ràng
Houding	Tư Thế
Kalm	Lặng
Mededogen	Thương Hại
Mentaal	Tâm Thần
Muziek	Âm Nhạc
Natuur	Thiên Nhiên
Observatie	Quan Sát
Perspectief	Quan Điểm
Stilte	Im Lặng
Vrede	Hòa Bình
Vriendelijkheid	Lòng Tốt

Meer Informatie
Khoa học Viễn Tưởng

Atoom	Nguyên Tử
Boeken	Sách
Brand	Lửa
Denkbeeldig	Tưởng Tượng
Dystopie	Dystopia
Explosie	Nổ
Extreem	Cực
Fantastisch	Tuyệt Vời
Futuristisch	Tương Lai
Illusie	Ảo Giác
Klonen	Nhái
Mysterieus	Bí Ẩn
Orakel	Oraclc
Planeet	Hành Tinh
Realistisch	Thực Tế
Scenario	Kịch Bản
Sterrenstelsel	Thiên Hà
Technologie	Công Nghệ
Utopie	Utopia
Wereld	Thế Giới

Menselijk Lichaam
Cơ thể con Người

Been	Chân
Bloed	Máu
Elleboog	Khuỷu Tay
Enkel	Mắt Cá
Hand	Tay
Hart	Tim
Hersenen	Óc
Hoofd	Đầu
Huid	Da
Kaak	Hàm
Kin	Cằm
Knie	Đầu Gối
Maag	Bụng
Mond	Miệng
Nek	Cổ
Neus	Mũi
Oor	Tai
Schouder	Vai
Tong	Lưỡi
Vinger	Ngón Tay

Metingen
Các Phép Đo

Breedte	Chiều Rộng
Byte	Byte
Centimeter	Centimet
Decimaal	Thập Phân
Diepte	Độ Sâu
Gewicht	Cân Nặng
Graad	Trình Độ
Gram	Gram
Hoogte	Chiều Cao
Inch	Inch
Kilogram	Kilôgam
Kilometer	Kilômét
Lengte	Chiều Dài
Liter	Lít
Massa	Khối Lượng
Meter	Mét
Minuut	Phút
Ons	Ounce
Ton	Tấn
Volume	Âm Lượng

Mode
Thời Trang

Bescheiden	Khiêm Tốn
Betaalbaar	Phải Chăng
Borduurwerk	Nghề Thêu
Comfortabel	Thoải Mái
Duur	Đắt
Eenvoudig	Đơn Giản
Elegant	Thanh Lịch
Kant	Ren
Kleding	Quần Áo
Knop	Nút
Minimalistisch	Tối Giản
Modern	Hiện Đại
Origineel	Gốc
Patroon	Mẫu
Praktisch	Thực Tế
Stijl	Phong Cách
Stof	Vải
Textuur	Kết Cấu
Trend	Xu Hướng
Winkel	Cửa Hàng

Muziek
Âm Nhạc

Album	Album
Ballade	Ballad
Harmonie	Hòa Hợp
Improviseren	Ứng Biến
Instrument	Dụng Cụ
Klassiek	Cổ Điển
Koor	Điệp Khúc
Lyrisch	Trữ Tình
Melodie	Giai Điệu
Microfoon	Microphone
Muzikaal	Âm Nhạc
Muzikant	Nhạc Sĩ
Opera	Opera
Opname	Ghi Âm
Poëtisch	Thơ
Ritme	Nhịp
Ritmisch	Nhịp Nhàng
Tempo	Tiến Độ
Zanger	Ca Sĩ
Zingen	Hát

Muziekinstrumenten
Nhạc Cụ

Banjo	Bass
Cello	Cello
Fagot	Dàn Nhạc
Fluit	Sáo
Gitaar	Đàn ghi Ta
Gong	Chiêng
Harp	Đàn Hạc
Klarinet	Clarinet
Klokkenspel	Chuông
Mandoline	Mandolin
Marimba	Marimba
Mondharmonica	Harmonica
Percussie	Gõ
Piano	Dương Cầm
Saxofoon	Saxophone
Tamboerijn	Lục Lạc
Trombone	Trombone
Trommel	Trống
Trompet	Kèn
Viool	Đàn vi ô Lông

Mythologie
Thần Thoại

Archetype	Nguyên Mẫu
Bliksem	Sét
Creatie	Sáng Tạo
Cultuur	Văn Hoá
Donder	Sấm
Doolhof	Mê Cung
Gedrag	Hành Vi
Held	Anh Hùng
Heldin	Nữ anh Hùng
Hemel	Thiên Đường
Jaloezie	Ghen
Kracht	Sức Mạnh
Krijger	Chiến Binh
Legende	Truyền Thuyết
Monster	Quái Vật
Onsterfelijkheid	Sự bất Tử
Ramp	Thảm Họa
Sterfelijk	Có Chết
Wezen	Sinh Vật
Wraak	Trả Thù

Natuur
Thiên Nhiên

Arctisch	Bắc Cực
Bergen	Núi
Bijen	Ong
Bos	Rừng
Dieren	Động Vật
Dynamisch	Năng Động
Erosie	Xói Mòn
Gebladerte	Lá
Gletsjer	Sông Băng
Heiligdom	Thánh
Mist	Sương Mù
Rivier	Sông
Rustig	Hòa Bình
Schoonheid	Vẻ Đẹp
Sereen	Serene
Tropisch	Nhiệt Đới
Vitaal	Quan Trọng
Wild	Hoang Dã
Woestijn	Sa Mạc
Wolken	Đám Mây

Natuurkunde
Vật Lý

Atoom	Nguyên Tử
Chaos	Hỗn Loạn
Chemisch	Hóa Chất
Deeltje	Hạt
Dichtheid	Mật Độ
Elektron	Điện Tử
Experiment	Thí Nghiệm
Formule	Công Thức
Frequentie	Tần Số
Gas	Khí
Magnetisme	Từ Tính
Massa	Khối Lượng
Mechanica	Cơ Khí
Molecuul	Phân Tử
Motor	Động Cơ
Snelheid	Tốc Độ
Uitbreiding	Mở Rộng
Universeel	Phổ
Versnelling	Gia Tốc
Zwaartekracht	Trọng Lực

Oceaan
Đại Dương

Aal	Lươn
Algen	Tảo
Boot	Thuyền
Dolfijn	Cá Heo
Garnaal	Tôm
Getijden	Thủy Triều
Haai	Cá Mập
Koraal	San Hô
Krab	Cua
Kwal	Sứa
Octopus	Bạch Tuộc
Oester	Hàu
Rif	Trả Lại
Schildpad	Rùa
Spons	Bọt Biển
Storm	Bão Táp
Tonijn	Cá Ngừ
Vis	Cá
Walvis	Cá Voi
Zout	Muối

Overheid
Chính Quyền

Burgerschap	Quốc Tịch
Civiel	Dân Sự
Democratie	Dân Chủ
Discussie	Thảo Luận
Gelijkheid	Bình Đẳng
Gerechtelijk	Tư Pháp
Gerechtigheid	Sự Công Bằng
Grondwet	Hiến Pháp
Leider	Lãnh Đạo
Monument	Monument
Natie	Quốc Gia
Politiek	Chính Trị
Rechten	Quyền
Rustig	Hòa Bình
Staat	Tiểu Bang
Symbool	Biểu Tượng
Toespraak	Phát Biểu
Vrijheid	Tự Do
Wet	Luật
Wijk	Quận

Politiek
Chính Trị

Activist	Nhà Hoạt Động
Belastingen	Thuế
Beleid	Chính Sách
Campagne	Chiến Dịch
Comité	Ủy Ban
Ethiek	Đạo Đức
Gelijkheid	Bình Đẳng
Kandidaat	Ứng cử Viên
Keuze	Sự lựa Chọn
Mening	Ý Kiến
Nationaal	Quốc Gia
Politicus	Chính trị Gia
Populariteit	Phổ Biến
Raad	Hội Đồng
Regering	Chính Phủ
Strategie	Chiến Lược
Vrijheid	Tự Do
Zege	Chiến Thắng

Psychologie
Tâm lý Học

Afspraak	Cuộc Hẹn
Beoordeling	Đánh Giá
Bewusteloos	Bất Tỉnh
Cognitie	Nhận Thức
Conflict	Xung Đột
Dromen	Giấc Mơ
Ego	Cái Tôi
Emoties	Cảm Xúc
Ervaringen	Kinh Nghiệm
Gedachten	Suy Nghĩ
Gedrag	Hành Vi
Gevoel	Cảm Giác
Ideeën	Ý Tưởng
Invloed	Ảnh Hưởng
Jeugd	Thời thơ Ấu
Klinisch	Lâm Sàng
Persoonlijkheid	Cá Tính
Probleem	Vấn Đề
Realiteit	Thực Tế
Therapie	Trị Liệu

Restaurant #2
Nhà Hàng số 2

Cake	Bánh
Diner	Bữa Tối
Drank	Đồ Uống
Eieren	Trứng
Fruit	Trái Cây
Groente	Rau
Heerlijk	Ngon
Ijs	Băng
Lepel	Cái Thìa
Lunch	Bữa Trưa
Noedels	Mì
Ober	Phục vụ Nam
Salade	Salad
Soep	Súp
Specerijen	Gia Vị
Stoel	Ghế
Vis	Cá
Vork	Cái Nĩa
Water	Nước
Zout	Muối

Rijden
Điều Khiển

Auto	Xe Hơi
Brandstof	Nhiên Liệu
Garage	Ga-Ra
Gas	Khí
Gevaar	Nguy Hiểm
Kaart	Bản Đồ
Licentie	Giấy Phép
Motor	Động Cơ
Motorfiets	Xe Máy
Ongeluk	Tai Nạn
Politie	Cảnh Sát
Remmen	Phanh
Snelheid	Tốc Độ
Straat	Đường Phố
Tunnel	Đường Hầm
Veiligheid	An Toàn
Verkeer	Giao Thông
Voetganger	Đi Bộ
Vrachtauto	Xe Tải
Weg	Đường

Schaken
Cờ Vua

Diagonaal	Đường Chéo
Kampioen	Quán Quân
Koning	Vua
Koningin	Nữ Hoàng
Offer	Hy Sinh
Passief	Thụ Động
Punten	Điểm
Reglement	Quy Tắc
Slim	Thông Minh
Spel	Trò Chơi
Speler	Người Chơi
Strategie	Chiến Lược
Tegenstander	Đối Thủ
Tijd	Thời Gian
Toernooi	Giải Đấu
Wedstrijd	Cuộc Thi
Wit	Trắng
Zwart	Đen

Schoonheid
Sắc Đẹp

Charme	Quyến Rũ
Cosmetica	Mỹ Phẩm
Diensten	Dịch Vụ
Elegant	Thanh Lịch
Elegantie	Sang Trọng
Fotogeniek	Ăn Ảnh
Genade	Ân
Geur	Hương Thơm
Glad	Mịn
Huid	Da
Kleur	Màu
Krullen	Curls
Lippenstift	Son Môi
Mascara	Mascara
Oliën	Dầu
Schaar	Kéo
Shampoo	Dầu Gội
Spiegel	Gương
Stilist	Stylist
Verzinnen	Trang Điểm

Specerijen
Gia Vị

Anijs	Cây Hồi
Bitter	Đắng
Fenegriek	Cỏ cà Ri
Gember	Gừng
Kaneel	Quế
Kardemom	Thảo Quả
Kerrie	Cà Ri
Knoflook	Tỏi
Komijn	Cây thì Là
Koriander	Rau Mùi
Kruidnagel	Đinh Hương
Nootmuskaat	Nhục đậu Khấu
Paprika	Ớt cựa Gà
Saffraan	Nghệ Tây
Smaak	Hương Vị
Ui	Hành
Vanille	Vani
Venkel	Thì Là
Zoet	Ngọt
Zout	Muối

Strand
Trên bãi Biển,

Blauw	Màu Xanh
Boot	Thuyền
Dok	Dock
Eiland	Đảo
Handdoek	Khăn
Krab	Cua
Kust	Bờ Biển
Lagune	Đầm
Oceaan	Đại Dương
Paraplu	Ô
Rif	Trả Lại
Sandalen	Dép
Schelpen	Vỏ
Vakantie	Kỳ Nghỉ
Zand	Cát
Zee	Biển
Zeilboot	Thuyền Buồm
Zon	Mặt Trời

Technologie
Công Nghệ

Bericht	Thông Điệp
Bestand	Tập Tin
Blog	Blog
Browser	Trình Duyệt
Bytes	Nội
Camera	Máy Ảnh
Computer	Máy Tính
Cursor	Con Trỏ
Digitaal	Kỹ Thuật Số
Gegevens	Dữ Liệu
Internet	Internet
Lettertype	Chữ
Onderzoek	Nghiên Cứu
Scherm	Màn
Software	Phần Mềm
Statistiek	Thống Kê
Veiligheid	An Ninh
Virtueel	Ảo
Virus	Vi Rút

Tijd
Thời Gian

Dag	Ngày
Decennium	Thập Kỷ
Eeuw	Thế Kỷ
Gisteren	Hôm Qua
Jaar	Năm
Jaarlijks	Hàng Năm
Kalender	Lịch
Klok	Đồng Hồ
Maand	Tháng
Middag	Buổi Trưa
Minuut	Phút
Na	Sau
Nacht	Đêm
Nu	Bây Giờ
Ochtend	Buổi Sáng
Toekomst	Tương Lai
Uur	Giờ
Vandaag	Hôm Nay
Vroeg	Sớm
Week	Tuần

Tuin
Khu Vườn

Bank	Băng Ghế
Bloem	Hoa
Bodem	Đất
Boom	Cây
Boomgaard	Thẻ
Garage	Ga-Ra
Gras	Cỏ
Hangmat	Võng
Hark	Cào
Hek	Hàng Rào
Onkruid	Weeds
Rotsen	Đá
Schop	Xẻng
Slang	Vòi
Struik	Bụi Cây
Terras	Sân Thượng
Trampoline	Tấm Bạt
Tuin	Vườn
Veranda	Hiên
Vijver	Ao

Tuinieren
Làm Vườn

Bloemen	Hoa
Bodem	Đất
Boeket	Bó Hoa
Boomgaard	Thẻ
Botanisch	Thực Vật
Compost	Phân
Container	Bình
Eetbaar	Ăn Được
Exotisch	Kỳ Lạ
Gebladerte	Lá
Klimaat	Khí Hậu
Seizoensgebonden	Mùa
Slang	Vòi
Soort	Loài
Vocht	Độ Ẩm
Vuil	Bụi Bẩn
Water	Nước
Zaden	Hạt Giống

Vakantie #2
Kỳ Nghỉ số 2

Bergen	Núi
Bestemming	Điểm Đến
Buitenlands	Ngoại Quốc
Eiland	Đảo
Foto'S	Ảnh
Hotel	Khách Sạn
Kaart	Bản Đồ
Kamperen	Cắm Trại
Luchthaven	Sân Bay
Paspoort	Hộ Chiếu
Reis	Hành Trình
Strand	Bãi Biển
Taxi	Xe tắc Xi
Tent	Lều
Trein	Xe Lửa
Vakantie	Ngày Lễ
Vervoer	Vận Chuyển
Visum	Thị Thực
Vrije Tijd	Giải Trí
Zee	Biển

Vissen
Đánh bắt Cá

Aas	Mồi
Apparatuur	Thiết Bị
Boot	Thuyền
Draad	Dây
Geduld	Kiên Nhẫn
Gewicht	Cân Nặng
Haak	Móc
Kaak	Hàm
Kieuwen	Mang
Kok	Nấu
Mand	Cái Rổ
Meer	Hồ
Oceaan	Đại Dương
Overdrijving	Phóng Đại
Rivier	Sông
Seizoen	Mùa
Strand	Bãi Biển
Vinnen	Vây
Water	Nước

Vliegtuigen
Máy Bay

Afdaling	Hạ Xuống
Ballon	Bóng
Bemanning	Phi Hành Đoàn
Bouw	Xây Dựng
Brandstof	Nhiên Liệu
Geschiedenis	Lịch Sử
Hemel	Bầu Trời
Hoogte	Chiều Cao
Lanceren	Phóng
Landen	Đổ Bộ
Lucht	Không Khí
Motor	Động Cơ
Ontwerp	Thiết Kế
Passagier	Hành Khách
Piloot	Phi Công
Propellers	Cánh Quạt
Richting	Hướng
Turbulentie	Nhiễu Loạn
Waterstof	Hydro
Weer	Thời Tiết

Voeding
Dinh Dưỡng

Bitter	Đắng
Calorieën	Calo
Dieet	Ăn Kiêng
Eetbaar	Ăn Được
Eetlust	Ngon
Eiwitten	Protein
Evenwichtig	Cân Bằng
Fermentatie	Lên Men
Gewicht	Cân Nặng
Gezond	Khỏe Mạnh
Gezondheid	Sức Khỏe
Koolhydraten	Carbohydrate
Kwaliteit	Chất Lượng
Saus	Nước Xốt
Smaak	Hương Vị
Specerijen	Gia Vị
Spijsvertering	Tiêu Hóa
Toxine	Độc Tố
Vitamine	Vitamin
Vloeistoffen	Chất Lỏng

Voertuigen
Xe Cộ

Ambulance	Xe cứu Thương
Auto	Xe Hơi
Banden	Lốp
Bestelwagen	Van
Boot	Thuyền
Bus	Xe Buýt
Caravan	Caravan
Fiets	Xe Đạp
Metro	Xe Điện Ngầm
Motor	Động Cơ
Onderzeeër	Tàu Ngầm
Raket	Tên Lửa
Scooter	Xe tay Ga
Taxi	Xe tắc Xi
Tractor	Máy Kéo
Trein	Xe Lửa
Veerboot	Phà
Vliegtuig	Máy Bay
Vlot	Bè
Vrachtauto	Xe Tải

Vogels
Chim

Duif	Chim bồ Câu
Eend	Vịt
Ei	Trứng
Flamingo	Flamingo
Gans	Ngỗng
Kip	Gà
Koekoek	Chim Cu
Kraai	Con Quạ
Meeuw	Mòng Biển
Mus	Chim Sẻ
Ooievaar	Cò
Papegaai	Con Vẹt
Pauw	Công
Pelikaan	Bồ Nông
Pinguïn	Chim Cánh Cụt
Reiger	Diệc
Struisvogel	Đà Điểu
Toekan	Toucan
Uil	Cú
Zwaan	Thiên Nga

Vormen
Hình Dạng

Bol	Cầu
Boog	Cung
Cilinder	Hình Trụ
Cirkel	Vòng Tròn
Curve	Đường Cong
Driehoek	Tam Giác
Hoek	Góc
Hyperbool	Hyperbola
Kant	Bên
Kegel	Nón
Lijn	Hàng
Ovaal	Ellipse
Piramide	Kim tự Tháp
Prisma	Lăng
Randen	Cạnh
Rechthoek	Hình chữ Nhật
Ronde	Vòng
Veelhoek	Đa Giác
Vierkant	Quảng Trường

Wandelen
Đi bộ Đường Dài

Berg	Núi
Dieren	Động Vật
Gevaren	Mối Nguy Hiểm
Kaart	Bản Đồ
Kamperen	Cắm Trại
Klif	Vách Đá
Klimaat	Khí Hậu
Laarzen	Giày Ống
Moe	Mệt
Muggen	Muỗi
Natuur	Thiên Nhiên
Oriëntatie	Sự Định Hướng
Parken	Công Viên
Stenen	Đá
Voorbereiding	Chuẩn Bị
Water	Nước
Weer	Thời Tiết
Wild	Hoang Dã
Zon	Mặt Trời
Zwaar	Nặng

Water
Nước

Douche	Vòi hoa Sen
Drinkbaar	Uống
Geiser	Geyser
Golven	Sóng
Ijs	Nước Đá
Irrigatie	Thủy Lợi
Kanaal	Kênh
Meer	Hồ
Moesson	Gió Mùa
Oceaan	Đại Dương
Orkaan	Cơn Bão
Overstroming	Lũ Lụt
Regen	Mưa
Rivier	Sông
Sneeuw	Tuyết
Stoom	Hơi Nước
Verdamping	Bay Hơi
Vocht	Độ Ẩm
Vorst	Sương Giá

Weersomstandigheden
Thời Tiết

Atmosfeer	Không Khí
Bliksem	Sét
Donder	Sấm Sét
Droogte	Hạn Hán
Hemel	Bầu Trời
Ijs	Nước Đá
Klimaat	Khí Hậu
Mist	Sương Mù
Moesson	Gió Mùa
Orkaan	Cơn Bão
Overstroming	Lũ Lụt
Polair	Cực
Regenboog	Cầu Vồng
Storm	Bão Táp
Temperatuur	Nhiệt Độ
Tornado	Lốc Xoáy
Tropisch	Nhiệt Đới
Vochtig	Ẩm Ướt
Wind	Gió
Wolk	Đám Mây

Wetenschap
Khoa Học

Atoom	Nguyên Tử
Chemisch	Hóa Chất
Deeltjes	Hạt
Evolutie	Tiến Hóa
Experiment	Thí Nghiệm
Feit	Thực Tế
Fossiel	Hóa Thạch
Gegevens	Dữ Liệu
Hypothese	Giả Thuyết
Klimaat	Khí Hậu
Methode	Phương Pháp
Mineralen	Khoáng Sản
Moleculen	Phân Tử
Natuur	Thiên Nhiên
Natuurkunde	Vật Lý
Observatie	Quan Sát
Planten	Cây
Wetenschapper	Nhà Khoa Học
Zwaartekracht	Trọng Lực

Wetenschappelijke Discip
Các Ngành Khoa Học

Anatomie	Giải Phẫu Học
Archeologie	Khảo cổ Học
Astronomie	Thiên văn Học
Biochemie	Hóa Sinh
Biologie	Sinh Học
Chemie	Hóa Học
Ecologie	Sinh Thái
Fysiologie	Sinh lý Học
Geologie	Địa Chất Học
Immunologie	Miễn Dịch
Mechanica	Cơ Khí
Meteorologie	Khí Tượng Học
Mineralogie	Khoáng
Neurologie	Thần Kinh
Plantkunde	Thực vật Học
Psychologie	Tâm Lý
Robotica	Robotics
Sociologie	Xã hội Học
Voeding	Dinh Dưỡng
Zoölogie	Động vật Học

Wiskunde
Toán Học

Bol	Cầu
Decimaal	Thập Phân
Diameter	Đường Kính
Driehoek	Tam Giác
Exponent	Mũ
Fractie	Phân Số
Geometrie	Hình Học
Hoeken	Góc
Loodrecht	Vuông Góc
Omtrek	Chu Vi
Parallel	Song Song
Rechthoek	Hình chữ Nhật
Rekenkundig	Số Học
Som	Tổng
Straal	Bán Kính
Symmetrie	Đối Xứng
Veelhoek	Đa Giác
Vergelijking	Phương Trình
Vierkant	Quảng Trường
Volume	Âm Lượng

Zakelijk
Doanh Nghiệp

Bedrijf	Công Ty
Begroting	Ngân Sách
Belastingen	Thuế
Carrière	Nghề Nghiệp
Economie	Kinh Tế
Fabriek	Nhà Máy
Financiën	Tài Chính
Geld	Tiền
Inkomen	Thu Nhập
Investering	Đầu Tư
Kantoor	Văn Phòng
Korting	Giảm Giá
Kosten	Chi Phí
Transactie	Giao Dịch
Valuta	Tiền Tệ
Verkoop	Bán
Werkgever	Chủ Nhân
Werknemer	Nhân Viên
Winkel	Cửa Tiệm
Winst	Lợi Nhuận

Zoogdieren
Động vật có Vú

Aap	Khỉ
Bever	Hải Ly
Coyote	Coyote
Dolfijn	Cá Heo
Ezel	Donkey
Geit	Dê
Giraf	Hươu cao Cổ
Gorilla	Khỉ Đột
Hond	Chó
Kameel	Lạc Đà
Kangoeroe	Kangaroo
Kat	Con Mèo
Konijn	Thỏ
Leeuw	Sư Tử
Olifant	Con Voi
Paard	Ngựa
Stier	Bò Đực
Vos	Cáo
Walvis	Cá Voi
Wolf	Chó Sói

Gefeliciteerd

Je hebt het gehaald!

We hopen dat u net zoveel plezier beleeft aan dit boek als wij aan het maken ervan. We doen ons best om spellen van hoge kwaliteit te maken.
Deze puzzels zijn op een slimme manier ontworpen zodat je actief kunt leren terwijl je plezier hebt!

Vond je ze mooi?

Een Eenvoudig Verzoek

Onze boeken bestaan dankzij de recensies die zij publiceren.
Kunt u ons helpen door nu een mening achter te laten ?

Hier is een korte link die u naar uw
bestellingen beoordelingspagina.

BestBooksActivity.com/Recensie50

FINAAL UITDAGING!

Uitdaging nr. 1

Klaar voor uw bonusspel? We gebruiken ze de hele tijd, maar ze zijn niet zo gemakkelijk te vinden. Hier zijn **Synoniemen!**

Noteer 5 woorden die je ontdekt hebt in elk van de onderstaande puzzels (nr. 21, nr. 36, nr. 76) en probeer voor elk woord 2 synoniemen te vinden.

Notitie 5 Woorden uit *Puzzle 21*

Woorden	Synoniem 1	Synoniem 2

Notitie 5 Woorden uit *Puzzle 36*

Woorden	Synoniem 1	Synoniem 2

Notitie 5 Woorden uit *Puzzle 76*

Woorden	Synoniem 1	Synoniem 2

Uitdaging nr. 2

Nu je opgewarmd bent, noteer 5 woorden die je ontdekt hebt in elke hieron-
der genoteerde puzzel (nr. 9, nr. 17, nr. 25) en probeer voor elk woord 2
antoniemen te vinden. Hoeveel regels kan je doen in 20 minuten?

Notitie 5 Woorden uit *Puzzle 9*

Woorden	Antoniem 1	Antoniem 2

Notitie 5 Woorden uit *Puzzle 17*

Woorden	Antoniem 1	Antoniem 2

Notitie 5 Woorden uit *Puzzle 25*

Woorden	Antoniem 1	Antoniem 2

Uitdaging nr. 3

Prachtig, deze finaal uitdaging is makkelijk voor jou!

Klaar voor de laatste? Kies je 10 favoriete woorden die je in een van de puzzels hebt ontdekt en noteer ze hieronder.

1.	6.
2.	7.
3.	8.
4.	9.
5.	10.

De uitdaging is nu om met deze woorden en binnen een maximum van zes zinnen een tekst te schrijven over een persoon, dier of plaats waar je van houdt!

Tip: U kunt de laatste blanco pagina van dit boek als kladblaadje gebruiken!

Je schrijven:

NOTITIEBOEKJE:

TOT SNEL!

Linguas Classics

GENIET VAN GRATIS SPELLEN

GO

↓

BESTACTIVITYBOOKS.COM/FREEGAMES

www.ingramcontent.com/pod-product-compliance
Lightning Source LLC
Chambersburg PA
CBHW082101120626
46553CB00011B/3490